Dr. Oetker

Italienisch Backen

Dr. Oetker

Italienisch Backen

Vorwort

Italienisch Kochen – macht doch fast jeder. Italienisch Backen – das ist der neue Hit!

Überraschen Sie Ihre Gäste einmal mit einer Zabaione-Torte, Espresso-Schnitten oder einem Amarettini-Kuchen. Oder servieren Sie selbst gebackene italienische Kekse zu Espresso, Cappuccino oder Latte macchiato. Mit diesen italienischen Gebäcken werden Sie glänzen.

So sind diese Kuchen, Torten und das Kleingebäck vor allem etwas für die italienischen Momente im Leben, sei es im Winter, wenn der nächste Urlaub noch weit ist oder um das italienische Wohlgefühl über den Urlaub hinaus zu verlängern.

Alle Rezepte sind von Dr. Oetker wie immer nachgebacken und so beschrieben, dass sie Ihnen garantiert gelingen.

Anfänger und Könner werden ihre Freude an den über 60 neuen und leckeren Rezepten haben.

Abkürzungen

EL	= Esslöffel
TL	= Teelöffel
Msp.	= Messerspitze
Pck.	= Packung/Päckchen
g	= Gramm
kg	= Kilogramm
ml	= Milliliter
l	= Liter
evtl.	= eventuell
geh.	= gehäuft
gestr.	= gestrichen
TK	= Tiefkühlprodukt
°C	= Grad Celsius
Ø	= Durchmesser
E	= Eiweiß
F	= Fett
Kh	= Kohlenhydrate
kcal	= Kilokalorien
kJ	= Kilojoule

Hinweise zu den Rezepten

Lesen Sie vor der Zubereitung – besser noch vor dem Einkaufen – das Rezept einmal vollständig durch. Oft werden Arbeitsabläufe oder -zusammenhänge dann klarer.

Die in den Rezepten angegebenen Backtemperaturen und -zeiten sind Richtwerte, die je nach individueller Hitzeleistung des Backofens über- oder unterschritten werden können. Bitte beachten Sie die Gebrauchsanweisung des Herstellers und machen Sie nach Beendigung der Backzeit eine Garprobe.

Zubereitungszeiten

Die Zubereitungszeit beinhaltet nur die Zeit für die eigentliche Zubereitung, die Backzeiten sind gesondert ausgewiesen. Längere Wartezeiten, z. B. Kühlzeiten, sind ebenfalls nicht einbezogen.

1985
INSANTO
TENUTE

Kapitelübersicht

Kapitelübersicht

Latte-Macchiato-Torte

Für Gäste

Für den All-in-Teig:
100 g Weizenmehl
15 g Kakaopulver
3 gestr. TL Backpulver
100 g Zucker
1 Pck. Vanillin-Zucker
2 Eier (Größe M)
100 g Butter oder Margarine
2 EL starker Kaffee oder Milch

Für den Belag:
350 g frische Aprikosen
6 Blatt weiße Gelatine
3 Eier (Größe M)
100 g Zucker
100 ml Milch
500 ml (1/2 l) Schlagsahne
2 Portionsbeutel (je 10 g)
Cappuccino- oder
Eiskaffee-Pulver

Zum Garnieren und Bestäuben:
50 g Cappuccino-Schokolade
(hell/dunkel)
Kakaopulver

Zubereitungszeit:
60 Minuten, ohne Kühlzeit, und etwa 25 Minuten Backzeit

Insgesamt:
E: 86 g, F: 302 g, Kh: 372 g, kJ: 19064, kcal: 4553

1 Für den Teig Mehl mit Kakao und Backpulver mischen, in eine Rührschüssel sieben. Zucker, Vanillin-Zucker, Eier, Butter oder Margarine und Kaffee oder Milch hinzufügen. Die Zutaten mit Handrührgerät mit Rührbesen zunächst kurz auf niedrigster, dann auf höchster Stufe in etwa 2 Minuten zu einem glatten Teig verarbeiten.

2 Den Teig in eine Springform (Ø 26 cm, Boden gefettet, mit Backpapier belegt) geben und glatt streichen. Die Form auf dem Rost in den Backofen schieben.

Ober-/Unterhitze: etwa 180 °C (vorgeheizt)
Heißluft: etwa 160 °C (vorgeheizt)
Gas: Stufe 2–3 (vorgeheizt)
Backzeit: etwa 25 Minuten.

3 Den Tortenboden aus der Form lösen und auf einen Kuchenrost stürzen, mitgebackenes Backpapier entfernen. Tortenboden erkalten lassen und auf eine Tortenplatte legen. Einen Tortenring oder den gesäuberten Springformrand darumstellen.

4 Für den Belag Aprikosen waschen, abtrocknen, halbieren, entsteinen und mit der Rundung nach oben auf dem Tortenboden verteilen. Gelatine in kaltem Wasser nach Packungsanleitung einweichen.

5 Eier mit Zucker und Milch in einer Schüssel verrühren und im Wasserbad erhitzen, dabei die Masse ständig mit Handrührgerät mit Rührbesen auf mittlerer Stufe rühren. Wenn die Masse dickschaumig ist, Gelatine leicht ausdrücken und unter Rühren darin auflösen. Die Masse erkalten lassen, dabei gelegentlich umrühren.

6 Sahne steif schlagen und unter die erkaltete Masse heben. Zwei Drittel der Sahnecreme abnehmen und mit dem Cappuccino- oder Eiskaffee-Pulver verrühren. Die Hälfte der dunklen Creme auf die Aprikosenhälften geben und glatt streichen. 5 Esslöffel von der hellen Creme beiseite stellen, die restliche helle Creme auf die dunkle Creme streichen. Restliche dunkle Creme darauf verteilen.

(Fortsetzung Seite 10)

7 Die beiseite gestellte helle Creme mit Hilfe eines Teelöffels in Wellen auf der Oberfläche verstreichen, dabei rundherum etwa 1 cm Rand frei lassen. Die Torte 2–3 Stunden kalt stellen.

8 Vor dem Servieren Tortenring oder Springformrand lösen und entfernen. Die Schokolade mit Hilfe eines Sparschälers auf die Tortenoberfläche raspeln und mit etwas Kakao bestäuben.

Erdbeer-Tiramisu-Torte

Fruchtig

Für den Boden:

150 g Cantuccini mit Schokolade (italienisches Mandelgebäck)
100 g zerlassene Butter

Für den Belag:

250 g Mascarpone (italienischer Frischkäse)
250 g Magerquark
50 g Zucker, 1 Pck. Vanillin-Zucker, 250 ml (1/4 l) Schlagsahne, 1 Pck. Sahnesteif
250 g frische Erdbeeren
50 g Cantuccini mit Schokolade

Zum Verzieren und Garnieren:

100 ml Schlagsahne
einige frische vorbereitete Erdbeerhälften (mit Grün)
Zitronenmelisse
30 g fein gehackte Cantuccini (italienisches Mandelgebäck)

Zubereitungszeit:

35 Minuten, ohne Kühlzeit

Insgesamt:

E: 76 g, F: 330 g, Kh: 273 g, kJ: 18504, kcal: 4410

1 Für den Boden Cantuccini zerkleinern (am besten mit einem großen Messer fein zerhacken), mit zerlassener Butter vermengen, in eine Springform (Ø 24 cm, Boden gefettet, mit Backpapier belegt) geben und mit Hilfe eines Löffels fest zu einem Boden andrücken, kalt stellen.

2 Für den Belag Mascarpone mit Quark, Zucker und Vanillin-Zucker verrühren. Sahne mit Sahnesteif steif schlagen und unterheben. Ein Viertel der Creme auf den Cantucciniboden geben und glatt streichen.

3 Erdbeeren waschen, abtropfen lassen, entstielen, evtl. halbieren (3 große Erdbeeren beiseite legen) und auf der Creme verteilen.

4 Cantuccini wie unter Punkt 1 beschrieben zerkleinern und auf die Erdbeeren streuen. Restliche Creme darauf geben und mit einem Teelöffel Vertiefungen eindrücken.

5 Beiseite gelegte Erdbeeren pürieren, in einen Gefrierbeutel füllen und eine kleine Ecke abschneiden. Die Tortenoberfläche mit dem Erdbeerpüree besprenkeln.

6 Zum Verzieren und Garnieren Sahne steif schlagen, in einen Spritzbeutel mit Lochtülle füllen und einen Ring aus Tuffs auf die Tortenoberfläche spritzen. Mit den Erdbeerhälften und Melisseblättchen garnieren, mit Cantuccinibröseln bestreuen. Die Torte bis zum Servieren kalt stellen.

Kirsch-Biskuit-Torte

Für Gäste – Dauert länger – Mit Alkohol

Für den Biskuitteig:
4 Eier (Größe M)
4 EL heißes Wasser
175 g feiner Zucker
100 g Weizenmehl
25 g Speisestärke
1 gestr. TL Backpulver
50 g abgezogene, gemahlene Mandeln
4 Tropfen Bittermandel-Aroma

Zum Beträufeln und Bestreichen:
6 EL Kirschwasser
300 g glatt gerührte Kirschkonfitüre

Für die Füllung:
1 Pck. Pudding-Pulver Vanille-Geschmack
500 ml (1/2 l) Milch
4 Eigelb (Größe M)
80 g Zucker
1 Pck. Vanillin-Zucker

Zum Verzieren und Garnieren:
250 ml (1/4 l) Schlagsahne
1 EL Zucker
1 Pck. Sahnesteif
1 EL Kirschwasser
etwa 15 Amarena-Kirschen

Zubereitungszeit:
50 Minuten, ohne Kühlzeit, und etwa 30 Minuten Backzeit

Insgesamt:
E: 85 g, F: 177 g, Kh: 671 g, kJ: 20225, kcal: 4822

1 Für den Teig Eier und Wasser mit Handrührgerät mit Rührbesen auf höchster Stufe in 1 Minute schaumig schlagen. Zucker in 1 Minute einstreuen, dann noch etwa 2 Minuten schlagen. Mehl mit Speisestärke und Backpulver mischen, die Hälfte davon auf die Eiercreme sieben, kurz auf niedrigster Stufe unterrühren, restliches Mehlgemisch mit Mandeln und Aroma auf die gleiche Weise unterarbeiten.

2 Den Teig in eine Springform (Ø 26 cm, Boden gefettet, mit Backpapier belegt) geben und glatt streichen. Die Form auf dem Rost in den Backofen schieben.

Ober-/Unterhitze: 180–200 °C (vorgeheizt)
Heißluft: 160–180 °C (vorgeheizt)
Gas: etwa Stufe 3 (vorgeheizt)
Backzeit: etwa 30 Minuten.

3 Den Tortenboden aus der Form lösen, auf einen mit Backpapier belegten Kuchenrost stürzen. Mitgebackenes Backpapier abziehen. Tortenboden erkalten lassen. Anschließend zweimal waagerecht durchschneiden. Die einzelnen Böden mit Kirschwasser beträufeln und 2 Böden mit Konfitüre bestreichen.

4 Für die Füllung Pudding-Pulver mit 100 ml von der Milch, Eigelb, Zucker und Vanillin-Zucker anrühren. Restliche Milch zum Kochen bringen. Angerührte Speisestärke unterrühren, unter Rühren kurz aufkochen lassen. Anschließend in kaltem Wasserbad weiter schlagen, bis die Creme kalt und dick ist.

5 Den gesäuberten Springformrand mit Frischhaltefolie auslegen, einen mit Konfitüre bestrichenen Boden hineinlegen, mit einem Drittel der Creme bestreichen, den zweiten mit Konfitüre bestrichenen Boden darauf geben, wieder ein Drittel der Creme darauf streichen. Den mit Kirschwasser getränkten Boden darauf legen, andrücken. Restliche Creme darauf geben. Torte 3 Stunden kalt stellen. Springformrand lösen, Folie vorsichtig abziehen.

6 Zum Verzieren und Garnieren Sahne mit Zucker und Sahnesteif steif schlagen, Kirschwasser unterziehen und in einen Spritzbeutel mit Sterntülle geben. Die Tortenoberfläche damit verzieren und mit Amarena-Kirschen garnieren.

Cappuccino-Torte

Raffiniert – Einfach

Für den Boden:
200 g Schoko-Cookies (Schokoladenkekse)
125 g Butter

Für den Belag:
2 Pck. Mousse au Chocolat (Dessertpulver für 250–300 ml Flüssigkeit)
300 ml Milch
200 ml Schlagsahne

Zum Verzieren und Garnieren:
200 ml Schlagsahne
1 Pck. Vanillin-Zucker
einige Mokkabohnen oder -pralinen
30 g Zartbitterschokolade
evtl. etwas Kakaopulver

Zubereitungszeit:
25 Minuten, ohne Kühlzeit

Insgesamt:
E: 49 g, F: 324 g, Kh: 336 g, kJ: 18720, kcal: 4462

1 Für den Boden Schoko-Cookies in einen Gefrierbeutel geben, Beutel verschließen. Schoko-Cookies mit einer Teigrolle fein zerbröseln und in eine Schüssel geben.

2 Butter zerlassen, zu den Bröseln geben und gut verrühren. Die Masse gleichmäßig in einer Springform (Ø 26 cm, Boden gefettet, mit Backpapier belegt) verteilen und gut andrücken.

3 Für den Belag Mousse au Chocolat mit Milch und Sahne nach Packungsanleitung – aber mit den hier angegebenen Zutaten – zubereiten, Cappuccinopulver unterschlagen. Die Masse auf den Boden geben und glatt streichen. Die Torte etwa 1 Stunde kalt stellen.

4 Die Torte aus der Form lösen und das Backpapier entfernen. Die Torte auf eine Tortenplatte legen.

5 Zum Verzieren und Garnieren Sahne mit Vanillin-Zucker steif schlagen. Die Sahne so auf die Tortenoberfläche streichen, dass rundherum ein etwa 2 cm breiter Mousse-Streifen sichtbar bleibt. In die Sahne mit einem Teelöffel Vertiefungen eindrücken. Mit Mokkabohnen oder -pralinen garnieren.

6 Schokolade in Stücke brechen, in einem kleinen Topf im Wasserbad bei schwacher Hitze zu einer geschmeidigen Masse verrühren, in ein Pergamentpapiertütchen füllen und eine kleine Spitze abschneiden. Den Tortenrand mit der Schokolade verzieren. Nach Belieben die Tortenplatte mit verzieren.

7 Die Torte vor dem Servieren nach Belieben mit etwas Kakao bestäuben. Die Torte gut gekühlt servieren.

Tipp: Schoko-Cookies gibt es in unterschiedlichen Packungsgrößen. Bei einer 175-g-Packung können die Cookies mit Zwiebäcken oder Löffelbiskuit auf 200 g aufgefüllt werden.

Abwandlung: Anstelle der Schoko-Cookies den Boden mit der gleichen Menge Waffelröllchen mit Schokolade zubereiten.

Blätterteig-Ricotta-Torte

Für Gäste

Für den Knetteig:
125 g Weizenmehl
50 g Zucker
1 Pck. Vanillin-Zucker
75 g Butter oder Margarine

1 Pck. (300 g) TK-Blätterteig

Für die Füllung:
500 g Ricotta (italienischer Frischkäse)
250 g Magerquark
3 Eigelb (Größe M)
125 g Zucker
1 Pck. Pudding-Pulver Vanille-Geschmack
100 ml frisch gepresster Orangensaft
1 Pck. Finesse Geriebene Zitronenschale
3 Eiweiß (Größe M)

2 EL Milch

Zum Aprikotieren:
1 EL Aprikosenkonfitüre
1–2 TL Wasser

Zum Bestreuen:
30 g abgezogene, gehobelte Mandeln

Zubereitungszeit:
60 Minuten, ohne Auftau- und Abkühlzeit, und 72–82 Minuten Backzeit

Insgesamt:
E: 141 g, F: 255 g, Kh: 469 g, kJ: 19855, kcal: 4740

1 Für den Knetteig Mehl in eine Rührschüssel sieben. Restliche Zutaten hinzufügen und mit Handrührgerät mit Knethaken zunächst kurz auf niedrigster, dann auf höchster Stufe gut durcharbeiten. Anschließend auf einer bemehlten Arbeitsfläche zu einem glatten Teig verkneten. Sollte er kleben, ihn in Folie gewickelt eine Zeit lang kalt stellen.

2 Den Teig auf einem Backblech (gefettet) zu einem Quadrat von etwa 25 x 25 cm ausrollen. Einen Backrahmen darumstellen. Den Teig mehrmals mit der Gabel einstechen. Das Backblech in den Backofen schieben und den Boden vorbacken.

Ober-/Unterhitze: 180–200 °C (vorgeheizt)
Heißluft: 160–180 °C (vorgeheizt)
Gas: etwa Stufe 3 (vorgeheizt)
Backzeit: etwa 12 Minuten.

3 Das Backblech auf einen Kuchenrost stellen. Boden erkalten lassen.

4 Blätterteig nach Packungsanleitung auftauen lassen. Gut die Hälfte des Blätterteiges auf einer bemehlten Arbeitsfläche etwa 3 mm dick ausrollen, in etwa 4 cm breite und etwa 25 cm lange Streifen schneiden. Teigstreifen als Rand an den von innen gefetteten Backrahmen legen, andrücken.

5 Für die Füllung Ricotta, Quark, Eigelb, Zucker, Pudding-Pulver, Orangensaft und Zitronenschale gut verrühren. Eiweiß steif schlagen und unterheben. Die Creme auf den vorgebackenen Boden geben und glatt streichen.

6 Restlichen Blätterteig in etwa 4 cm breite und etwa 25 cm lange Streifen schneiden. Die Teigstreifen gitterartig auf die Creme legen. Teiggitter mit Milch bestreichen. Das Backblech in den Backofen schieben und die Torte fertig backen.

Ober-/Unterhitze: etwa 180 °C (vorgeheizt)
Heißluft: etwa 160 °C (nicht vorgeheizt)
Gas: Stufe 2–3 (nicht vorgeheizt)
Backzeit: 60–70 Minuten.

(Fortsetzung Seite 18)

7 Das Backblech auf einen Kuchenrost stellen.

8 Zum Aprikotieren Konfitüre mit Wasser unter Rühren zum Kochen bringen. Die Torte damit bestreichen und mit Mandeln bestreuen. Torte erkalten lassen. Backrahmen lösen und entfernen.

Espresso-Torte mit Baisersahne

Raffiniert – Mit Alkohol

Für den Schüttelteig:
200 g Weizenmehl
50 g Speisestärke
3 gestr. TL Backpulver
150 g Zucker
1 Pck. Bourbon-Vanille-Zucker
2 gestr. EL Instant-Espressopulver
3 Eier (Größe M)
125 g zerlassene abgekühlte Butter oder Margarine
125 ml (1/8 l) Milch

Für die Baisersahne:
1 Pck. Schoko-Baiser-Törtchen (75 g, 6 Stück)
2–3 EL Orangenlikör
500 ml (1/2 l) Schlagsahne
1 EL gesiebter Puderzucker
2 Pck. Sahnesteif

Zum Bestäuben:
1 EL Kakaopulver
1 EL Instant-Espressopulver

Zubereitungszeit:
50 Minuten, ohne Kühlzeit, und 35–40 Minuten Backzeit

Insgesamt:
E: 67 g, F: 293 g, Kh: 472 g, kJ: 20321, kcal: 4851

1 Für den Teig Mehl mit Speisestärke und Backpulver mischen, in eine verschließbare Schüssel (3-Liter-Inhalt) sieben, mit Zucker, Vanille-Zucker und Espressopulver mischen. Eier, Butter oder Margarine und Milch hinzufügen. Schüssel mit dem Deckel fest verschließen.

2 Mehrmals (insgesamt 15–30 Sekunden) kräftig schütteln, so dass alle Zutaten gut vermischt sind. Alles mit einem Schneebesen oder Rührlöffel nochmals sorgfältig durchrühren, damit vor allem trockene Zutaten vom Rand mit untergerührt werden.

3 Den Teig in eine Springform (Ø 26 cm, Boden gefettet) geben und glatt streichen. Die Form auf dem Rost in den Backofen schieben.

Ober-/Unterhitze: etwa 180 °C (vorgeheizt)
Heißluft: etwa 160 °C (nicht vorgeheizt)
Gas: Stufe 2–3 (nicht vorgeheizt)
Backzeit: 35–40 Minuten.

4 Die Form auf einen Kuchenrost stellen. Den Gebäckboden in der Form erkalten lassen.

5 Für die Baisersahne Baisertörtchen mit einem Messer fein hacken und mit Orangenlikör beträufeln. Sahne mit Puderzucker und Sahnesteif steif schlagen, Baiserstückchen unterheben.

6 Den Gebäckboden aus der Form lösen und auf eine Tortenplatte legen. Die Baisersahne kuppelartig auf dem Gebäckboden verteilen.

7 Zum Bestäuben Kakao mit Espressopulver mischen. Die Torte damit bestäuben und etwa 2 Stunden kalt stellen.

Melonen-Amaretto-Torte

Mit Alkohol

Für den Biskuitteig:
3 Eier (Größe M)
3 EL heißes Wasser
120 g Zucker
1 Pck. Vanillin-Zucker
120 g Weizenmehl
1 gestr. TL Backpulver

Für die Füllung:
4 Blatt weiße Gelatine
1 Pck. Pudding-Pulver Mandel-Geschmack
40 g Zucker
400 ml Milch
3 EL Amaretto (italienischer Mandellikör)
500 ml (1/2 l) Schlagsahne

100 ml Amaretto (italienischer Mandellikör)
4 EL Orangenmarmelade

Für den Belag:
1 kleine Kantalup-Melone

Für den Guss:
1 Pck. Tortenguss, klar
25 g Zucker
250 ml (1/4 l) Apfelsaft

Zubereitungszeit:
45 Minuten, ohne Kühlzeit, und 25–30 Minuten Backzeit

Insgesamt:
E: 68 g, F: 193 g, Kh: 528 g, kJ: 18509, kcal: 4416

1 Für den Teig aus den hier angegebenen Zutaten wie auf Seite 12 beschrieben einen Biskuitteig zubereiten.

2 Einen Backrahmen (25 x 25 cm) auf ein Backblech (mit Backpapier belegt) stellen. Den Teig hineingeben und glatt streichen. Das Backblech in den Backofen schieben.

Ober-/Unterhitze: etwa 200 °C (vorgeheizt)
Heißluft: etwa 180 °C (vorgeheizt)
Gas: Stufe 3–4 (vorgeheizt)
Backzeit: 25–30 Minuten.

3 Das Backblech auf einen Kuchenrost stellen. Den Backrahmen lösen und entfernen. Die Biskuitplatte mit dem Backpapier vom Backblech auf einen Kuchenrost ziehen und erkalten lassen.

4 Für die Füllung Gelatine nach Packungsanleitung einweichen. Einen Pudding aus Pudding-Pulver, Zucker und Milch (aber mit nur 400 ml) nach Packungsanleitung zubereiten. Gelatine ausdrücken, unter den heißen Pudding rühren, bis sie völlig gelöst ist. Puddingmasse erkalten lassen, dabei ab und zu umrühren. Drei Esslöffel Amaretto unter die Puddingmasse rühren. Sahne steif schlagen und unterheben.

5 Die Biskuitplatte einmal waagerecht durchschneiden, die Hälften mit Amaretto tränken. Untere Biskuitplatte mit Marmelade bestreichen, mit gut zwei Drittel der Puddingcreme bestreichen. Obere Biskuitplatte darauf legen. Tortenoberfläche und -rand mit der restlichen Creme bestreichen. Torte 2–3 Stunden kalt stellen.

6 Für den Belag Melone halbieren, entkernen, Melonenhälften schälen, Fruchtfleisch in dünne Spalten schneiden. Tortenoberfläche fächerartig damit belegen.

7 Für den Guss aus Tortengusspulver, Zucker und Apfelsaft nach Packungsanleitung einen Guss zubereiten. Den Guss vorsichtig auf den Melonenspalten verteilen. Guss fest werden lassen.

Cappuccino-Torte mit Rumkirschen

Für Gäste – Mit Alkohol

Zum Vorbereiten:
1 Glas Sauerkirschen (Abtropfgewicht 370 g)
2 cl Rum

Für den Brandteig:
125 ml (1/8 l) Wasser
50 g Butter oder Margarine
1 Prise Salz
75 g Weizenmehl
25 g Speisestärke
2–3 Eier (Größe M)

Für den Belag:
1 EL lösliches Instant-Cappuccino-Pulver
2 EL heißes Wasser
200 ml Schlagsahne
2 Pck. Sahnesteif
250 g Magerquark
250 g Mascarpone (italienischer Frischkäse)
120 g Zucker
1 Pck. Vanillin-Zucker

Zum Bestäuben:
je 1 TL Kakaopulver und Instant-Cappuccino-Pulver

Zubereitungszeit:
60 Minuten, ohne Durchzieh- und Abkühlzeit, und etwa 20 Minuten Backzeit je Boden

Insgesamt:
E: 80 g, F: 237 g, Kh: 326 g, kJ: 16180, kcal: 3860

1 Zum Vorbereiten Kirschen abtropfen lassen, in eine Schale geben. Kirschen mit Rum beträufeln, 1 Stunde durchziehen lassen.

2 Für den Teig Wasser mit Butter oder Margarine und Salz am besten in einem Stieltopf zum Kochen bringen. Mehl mit Speisestärke mischen, sieben, auf einmal in die von der Kochstelle genommene Flüssigkeit schütten, zu einem glatten Kloß rühren, unter Rühren etwa 1 Minute erhitzen. Den heißen Kloß sofort in eine Rührschüssel geben. Nach und nach Eier mit Handrührgerät mit Knethaken auf höchster Stufe unterarbeiten. Die Eiermenge hängt von der Beschaffenheit des Teiges ab, er muss stark glänzen und so von einem Löffel abreißen, dass lange Spitzen hängen bleiben.

3 Aus dem Teig drei Böden backen, dazu jeweils ein Drittel des Teiges auf einen Springformboden (Ø 26 cm, gefettet, gemehlt) streichen (den Teig am Rand nicht zu dünn aufstreichen, damit der Boden dort nicht zu dunkel wird). Jeden Boden ohne Springformrand backen. Die Springformböden nacheinander (bei Heißluft zusammen) auf dem Rost in den Backofen schieben.

Ober-/Unterhitze: 200–220 °C (vorgeheizt)
Heißluft: 180–200 °C (vorgeheizt)
Gas: etwa Stufe 4 (vorgeheizt)
Backzeit: etwa 20 Minuten je Boden.

4 Die Gebäckböden sofort nach dem Backen vom Springformboden lösen und einzeln auf einem Kuchenrost erkalten lassen.

5 Für den Belag Cappuccino-Pulver mit Wasser gut verrühren, erkalten lassen. Sahne mit Sahnesteif steif schlagen. Quark, Mascarpone, Cappuccinoflüssigkeit, Zucker und Vanillin-Zucker verrühren. Sahne unterheben.

6 Rumkirschen abtropfen lassen, trockentupfen. Einen Gebäckboden auf eine Tortenplatte legen, Rumkirschen darauf verteilen. Die Hälfte der Cappuccinocreme darauf glatt streichen. Zweiten Gebäckboden darauf legen, restliche Creme darauf streichen. Mit dem dritten Gebäckboden belegen. Kakao mit Cappuccino-Pulver mischen. Die Tortenoberfläche damit bestäuben.

Pfirsich-Mascarpone-Torte

Dauert länger

Für den Knetteig:
125 g Weizenmehl
1 Msp. Backpulver, 50 g Zucker
1 Pck. Bourbon-Vanille-Zucker
75 g Butter oder Margarine
1 EL Wasser

Für den Biskuitteig:
4 Eier (Größe M), 1 Eigelb (Größe M), 4 EL heißes Wasser, 125 g Zucker
1 Pck. Vanillin-Zucker
125 g Weizenmehl, 25 g Speisestärke, 1 Msp. Backpulver

Zum Bestreichen:
5 EL Aprikosenkonfitüre

Für Füllung und Belag:
1 Dose Tortenpfirsiche (Pfirsichspalten, Abtropfgewicht 460 g), 200 ml Pfirsichsaft (aus der Dose)
2 EL Zitronensaft
1 Pck. Tortencreme Käse-Sahne
500 ml (1/2 l) Schlagsahne
500 g Mascarpone (italienischer Frischkäse)

Für den Guss:
knapp 200 ml Pfirsichsaft (aus der Dose), 50 ml Wasser
1 Pck. Tortenguss, klar

Zubereitungszeit:
90 Minuten, ohne Kühlzeit, und etwa 25 Minuten Backzeit

Insgesamt:
E: 107 g, F: 469 g, Kh: 800 g, kJ: 33225, kcal: 7921

1 Für den Knetteig Mehl mit Backpulver mischen, in eine Rührschüssel sieben. Restliche Zutaten hinzufügen und mit Handrührgerät mit Knethaken auf höchster Stufe gut durcharbeiten. Anschließend auf einer bemehlten Arbeitsfläche zu einem glatten Teig verkneten. Sollte er kleben, ihn in Folie gewickelt eine Zeit lang kalt stellen.

2 Den Teig auf dem Boden einer Springform (Ø 26 cm, Boden gefettet) ausrollen. Teig mit einer Gabel mehrmals einstechen. Springformrand darumstellen. Die Form auf dem Rost in den Backofen schieben.

Ober-/Unterhitze: etwa 200 °C (vorgeheizt)
Heißluft: etwa 180 °C (vorgeheizt)
Gas: Stufe 3–4 (vorgeheizt)
Backzeit: etwa 15 Minuten.

3 Den Boden sofort nach dem Backen vom Springformboden lösen, aber darauf erkalten lassen.

4 Für den Biskuitteig Eier mit Eigelb und Wasser mit Handrührgerät mit Rührbesen auf höchster Stufe in 1 Minute schaumig schlagen. Zucker und Vanillin-Zucker mischen, in 1 Minute einstreuen, dann noch etwa 2 Minuten schlagen. Mehl mit Speisestärke und Backpulver mischen, auf die Eiercreme sieben, kurz auf niedrigster Stufe unterrühren. Den Teig auf ein Backblech (gefettet, mit Backpapier belegt) geben, glatt streichen. Das Backblech in den Backofen schieben und den Boden **bei der oben angegebenen Backofeneinstellung etwa 10 Minuten** backen.

5 Die Biskuitplatte sofort vom Rand lösen, auf mit Zucker bestreutes Backpapier stürzen, mitgebackenes Backpapier abziehen. Biskuitplatte mit 3 Esslöffeln von der Konfitüre bestreichen. Die langen Seiten der Platte noch warm so weit zur Mitte klappen, dass eine Lücke von etwa 2 cm bleibt, dann diese Seiten mit 1 Esslöffel Konfitüre bestreichen, aufeinander klappen. Die Rolle gleichmäßig in 22 gut 1,5 cm breite Stücke schneiden.

6 Für Füllung und Belag Pfirsichspalten abtropfen lassen, Saft dabei auffangen. Zunächst 200 ml davon abmessen und mit

(Fortsetzung Seite 26)

Zitronensaft verrühren. Den Saft mit der Tortencreme nach Packungsanleitung anrühren. Sahne steif schlagen. Zuerst Mascarpone unter die Creme rühren, dann Sahne unterheben.

7 Den Knetteigboden auf eine Tortenplatte legen, mit der restlichen Konfitüre bestreichen. Einen Tortenring darumstellen. Biskuitscheiben (Öffnung nach unten) innen an den Tortenring stellen. Mascarponecreme hineingeben, glatt streichen. Die Torte 2–3 Stunden kalt stellen. Pfirsichspalten auf die Torte legen.

8 Für den Guss restlichen aufgefangenen Pfirsichsaft mit Wasser auf 250 ml (1/4 l) auffüllen. Aus Tortengusspulver und Saft nach Packungsanleitung einen Guss zubereiten. Den Guss auf den Pfirsichspalten verteilen. Guss fest werden lassen. Tortenring lösen und entfernen.

Amarettini-Torte

Einfach

Für den Belag:
75 g Amarettini
(italienisches Mandelgebäck)
5 Blatt weiße Gelatine
3 Beutel (je 10 g)
Cappuccino-Pulver
250 ml (1/4 l) kochendes Wasser
250 ml (1/4 l) Schlagsahne
1 Pck. Bourbon-Vanille-Zucker
100 g Mascarpone
(italienischer Frischkäse)

Für den Boden:
etwa 100 g Amarettini

125 ml (1/8 l) Schlagsahne
Kakaopulver

Zubereitungszeit:
20 Minuten, ohne Kühlzeit

Insgesamt:
E: 38 g, F: 169 g, Kh: 188 g, kJ: 10272, kcal: 2443

1 Für den Belag Amarettini in einen Gefrierbeutel geben, Beutel verschließen. Amarettini mit einer Teigrolle zerbröseln.

2 Gelatine in kaltem Wasser nach Packungsanleitung einweichen. Cappuccino-Pulver mit heißem Wasser anrühren. Die Gelatine leicht ausdrücken, unter Rühren in dem Cappuccino auflösen und kalt stellen.

3 Sahne mit Vanille-Zucker steif schlagen. Wenn die Cappuccinoflüssigkeit anfängt dicklich zu werden, Mascarpone, Amarettinibrösel und Sahne unterheben.

4 Die Creme in eine viereckige Form (20 x 20 cm, mit Backpapier ausgelegt) oder Springform (Ø 20 cm, mit Backpapier belegt) geben und glatt streichen.

5 Für den Boden Amarettini mit der Spitze nach unten dicht an dicht auf die Creme legen und leicht andrücken. Die Torte etwa 2 Stunden kalt stellen und Creme fest werden lassen.

6 Die Torte auf eine Tortenplatte stürzen. Sahne steif schlagen und wellenartig (mit Hilfe eines Esslöffels) auf der Torte verteilen. Die Torte mit Kakao bestäubt servieren.

Cappuccino

Cassata-Torte

Gut vorzubereiten – Mit Alkohol

Für den Boden:

75 g Amarettini (italienisches Mandelgebäck)

Für den Belag:

1 kleines Glas Sauerkirschen (Abtropfgewicht 155 g)
125 g Amarena-Kirschen
100 g Marzipan-Rohmasse
50 g Pistazienkerne
2–3 Tropfen grüne Speisefarbe
1 kleine Mango
3 Eigelb (Größe M)
50 g Zucker
750 ml (3/4 l) Schlagsahne

Zum Verzieren und Bestreuen:

125 ml (1/8 l) Schlagsahne
1 EL gehackte Pistazienkerne

Zubereitungszeit:

60 Minuten, ohne Gefrierzeit

Insgesamt:

E: 61 g, F: 368 g, Kh: 296 g, kJ: 19897, kcal: 4738

1 Für den Boden Amarettini in einen Gefrierbeutel geben, Beutel verschließen. Amarettini mit einer Teigrolle grob zerbröseln. Einen Tortenring oder Springformrand (Ø 20–22 cm) auf eine Tortenplatte stellen, Amarettinibrösel hineingeben und mit einem Esslöffel zu einem Boden andrücken.

2 Für den Belag Sauerkirschen und Amarena-Kirschen getrennt in einem Sieb abtropfen lassen, nebeneinander im Gefrierfach fest gefrieren lassen.

3 Marzipan-Rohmasse in kleine Stücke schneiden, mit Pistazienkernen verkneten und mit Speisefarbe färben. Aus der Marzipan-Pistazien-Masse Rollen (Ø etwa 5 mm) formen, diese in 5 mm dicke Scheiben schneiden und gefrieren lassen.

4 Das Fruchtfleisch der Mango vom faserigen Stein lösen, schälen und pürieren. Eigelb und Zucker mit Handrührgerät mit Rührbesen auf höchster Stufe schaumig schlagen. Mangopüree unterrühren. Sahne steif schlagen und unter die Mangocreme heben. Die gefrorenen Kirschen und Marzipan-Pistazienscheiben hinzufügen.

5 Die Creme auf den Amarettiniboden in den Tortenring füllen, in den Gefrierschrank stellen und über Nacht gefrieren lassen.

6 Vor dem Servieren Cassata-Torte aus der Form lösen.

7 Zum Verzieren Sahne steif schlagen und in einen Spritzbeutel mit Lochtülle geben. Den Tortenrand damit verzieren. Tortenoberfläche mit Pistazienkernen bestreuen.

Tipp: Besonders gut schmeckt die Torte, wenn sie etwa 30 Minuten vor dem Verzehr angetaut wird. Für Kinder können die Amarena-Kirschen durch 100 g abgetropfte Sauerkirschen ersetzt werden.

Feine Amarettini-Torte

Für Gäste

Für den Schüttelteig:
175 g Weizenmehl
2 gestr. TL Backpulver
75 g Zucker
1 Pck. Finesse-Amaretto-Bittermandel-Aroma
3 Eier (Größe M)
100 ml Speiseöl
100 ml Schlagsahne

Für den Belag:
100 g Amarettini (italienisches Mandelgebäck)

Für die Füllung:
1 Pck. Pudding-Pulver Mandel-Geschmack
400 ml Milch
2 EL Zucker
1 Becher (150 g) Crème fraîche

Zum Bestreichen:
2 EL Aprikosenkonfitüre

Zum Bestäuben:
Kakaopulver
Puderzucker

Zubereitungszeit:
55 Minuten, ohne Kühlzeit, und 15–20 Minuten Backzeit

Insgesamt:
E: 67 g, F: 223 g, Kh: 427 g, kJ: 16653, kcal: 3976

1 Für den Teig Mehl mit Backpulver mischen, in eine verschließbare Schüssel (3-Liter-Inhalt) sieben, mit Zucker vermengen. Aroma, Eier, Speiseöl und Sahne hinzufügen. Schüssel mit dem Deckel fest verschließen.

2 Mehrmals (insgesamt 15–30 Sekunden) kräftig schütteln, so dass alle Zutaten gut vermischt sind. Alles mit einem Schneebesen oder Rührlöffel nochmals sorgfältig durchrühren, damit vor allem trockene Zutaten vom Rand mit untergerührt werden.

3 Den Teig auf ein Backblech (20 x 40 cm, gefettet) geben und glatt streichen, evtl. einen Backrahmen darumstellen oder einen mehrfach geknickten Streifen Alufolie vor den Teig legen. Die Amarettini darauf verteilen. Das Backblech in den Backofen schieben.

Ober-/Unterhitze: etwa 180 °C (vorgeheizt)
Heißluft: etwa 160 °C (vorgeheizt)
Gas: Stufe 2–3 (vorgeheizt)
Backzeit: 15–20 Minuten.

4 Das Backblech auf einen Kuchenrost stellen. Kuchen erkalten lassen, evtl. Backrahmen entfernen. Kuchen vom Backblech lösen und so halbieren, dass 2 Quadrate (20 x 20 cm) entstehen.

5 Für die Füllung aus Pudding-Pulver, Milch und Zucker nach Packungsanleitung (aber mit den hier angegebenen Zutaten) einen Pudding zubereiten. Crème fraîche unter den heißen Pudding rühren, abkühlen lassen, dabei ab und zu umrühren.

6 Eine Kuchenhälfte auf eine Platte (Amarettini müssen oben liegen) legen und mit Konfitüre bestreichen. Die Puddingmasse darauf verteilen, zweite Kuchenhälfte (Amarettini müssen oben liegen) darauf legen und leicht andrücken. Die Torte etwa 1 Stunde kalt stellen.

7 Die Torte vor dem Servieren mit Kakao und Puderzucker bestäuben.

Erdbeertorte mit Ricotta

Erfrischend

Für den All-in-Teig:
30 g Weizenmehl
1 gestr. TL Backpulver
100 g Zucker
100 g gemahlene Haselnusskerne
3 Eier (Größe M)

Für den Belag:
400 g frische Erdbeeren
1 Bio-Limette (unbehandelt, ungewachst)
4 Blatt weiße Gelatine
100 g gesiebter Puderzucker
500 g Ricotta (italienischer Frischkäse)

Zum Garnieren:
100 g frische Erdbeeren

Zubereitungszeit:
etwa 40 Minuten, ohne Kühlzeit, und etwa 25 Minuten Backzeit

Insgesamt:
E: 95 g, F: 159 g, Kh: 263 g, kJ: 12026, kcal: 2871

1 Für den Teig Mehl mit Backpulver mischen und in eine Rührschüssel sieben. Zucker, Haselnusskerne und Eier hinzufügen. Die Zutaten mit Handrührgerät mit Rührbesen zunächst kurz auf niedrigster, dann auf höchster Stufe in etwa 2 Minuten zu einem glatten Teig verarbeiten.

2 Den Teig in eine Springform (Ø 26 cm, Boden gefettet, mit Backpapier belegt) geben und glatt streichen. Die Form auf dem Rost in den Backofen schieben.

Ober-/Unterhitze: etwa 180 °C (vorgeheizt)
Heißluft: etwa 160 °C (vorgeheizt)
Gas: Stufe 2–3 (vorgeheizt)
Backzeit: etwa 25 Minuten.

3 Den Tortenboden aus der Form lösen und auf einen mit Backpapier belegten Kuchenrost stürzen. Den Tortenboden mit dem Backpapier erkalten lassen. Anschließend mitgebackenes Backpapier abziehen, den Tortenboden auf eine Tortenplatte legen. Tortenring oder den gesäuberten Springformrand darumstellen.

4 Für den Belag Erdbeeren waschen, abtropfen lassen und entstielen. Erdbeeren in kleine Stücke schneiden. Limette heiß waschen und trockenreiben. Schale abreiben und den Saft auspressen. Gelatine in kaltem Wasser nach Packungsanleitung einweichen. Limettensaft in einem kleinen Topf erhitzen (nicht kochen). Die Gelatine leicht ausdrücken und unter Rühren vollständig darin auflösen. Gelatine leicht abkühlen lassen.

5 Puderzucker mit Ricotta und Limettenschale gut verrühren. Zuerst etwa 4 Esslöffel der Ricotta-Masse mit der Gelatine verrühren, dann mit der restlichen Ricotta-Masse verrühren. Erdbeerstücke unterheben. Die Ricotta-Erdbeer-Masse auf den Tortenboden geben und glatt streichen. Die Torte etwa 2 Stunden kalt stellen.

6 Zum Garnieren Erdbeeren waschen, abtropfen lassen, halbieren oder vierteln. Die Torte mit den Erdbeeren garnieren.

Tipp: Statt Ricotta können Sie Speisequark (40 % Fett) oder Doppelrahm-Frischkäse verwenden.

Sambuca-Torte

Mit Alkohol

Für den Schüttelteig:
150 g Weizenmehl
3 gestr. TL Backpulver
100 g Zucker
1/2 Pck. Saucenpulver Vanille-Geschmack, zum Kochen
4 Eier (Größe M)
150 g zerlassene abgekühlte Butter oder Margarine

Für die Füllung:
8 Blatt weiße Gelatine
600 ml Schlagsahne
30 g gesiebter Puderzucker
4 EL Sambuca-Kaffeelikör
5 TL Instant-Kaffee

Zum Bestreuen:
4 Baiserschalen, gehackt

Zum Garnieren:
1 EL Schoko-Kaffeebohnen oder Mokkabohnen

Zum Bestäuben:
Kakaopulver

Zubereitungszeit:
30 Minuten, ohne Abkühlzeit, und etwa 35 Minuten Backzeit

Insgesamt:
E: 78 g, F: 350 g, Kh: 346 g, kJ: 20601, kcal: 4919

1 Für den Teig Mehl mit Backpulver mischen, in eine verschließbare Schüssel (3-Liter-Inhalt) sieben, mit Zucker und Saucenpulver mischen. Eier und Butter oder Margarine hinzufügen. Schüssel mit dem Deckel fest verschließen.

2 Mehrmals (insgesamt 15–30 Sekunden) kräftig schütteln, so dass alle Zutaten gut vermischt sind. Alles mit einem Schneebesen oder Rührlöffel nochmals sorgfältig durchrühren, damit vor allem trockene Zutaten vom Rand mit untergerührt werden.

3 Den Teig in eine Springform (Ø 26 cm, Boden gefettet) geben und glatt streichen. Die Form auf dem Rost in den Backofen schieben.

Ober-/Unterhitze: etwa 180 °C (vorgeheizt)
Heißluft: etwa 160 °C (nicht vorgeheizt)
Gas: Stufe 2–3 (nicht vorgeheizt)
Backzeit: etwa 35 Minuten.

4 Den Gebäckboden aus der Form lösen und auf einem Kuchenrost erkalten lassen. Gebäckboden einmal waagerecht durchschneiden.

5 Für die Füllung Gelatine in kaltem Wasser nach Packungsanleitung einweichen. Sahne mit Puderzucker evtl. in 2 Portionen steif schlagen. Likör in einem kleinen Topf erwärmen (nicht kochen). Die leicht ausgedrückte Gelatine und den Instant-Kaffee unter Rühren darin auflösen, etwas abkühlen lassen. Ein Drittel der Sahne mit der aufgelösten Gelatine verrühren. Restliche Sahne unterheben.

6 Gut die Hälfte der Sahnecreme auf den unteren Gebäckboden geben und glatt streichen. Den oberen Gebäckboden darauf legen und leicht andrücken. Tortenoberfläche und -rand mit der restlichen Sahnecreme bestreichen und mit den gehackten Baiserschalen bestreuen.

7 Die Tortenoberfläche mit Kaffee- oder Mokkabohnen garnieren und mit Kakao bestäuben.

Apfel-Amaretto-Torte

Mit Alkohol

Für den Rührteig:
100 g Butter oder Margarine
100 g Zucker
1 Pck. Vanillin-Zucker
1 Prise Salz, 2 Eier (Größe M)
1 TL gemahlener Zimt
2–3 EL Amaretto
(italienischer Mandellikör)
150 g Weizenmehl
1 gestr. TL Backpulver
30 g abgezogene,
gemahlene Mandeln

Für den Belag:
2 Äpfel (400 g), z. B. Boskop

Für die Makronenmasse:
4 Eiweiß (Größe M)
200 g gesiebter Puderzucker
2 EL Amaretto
(italienischer Mandellikör)
2 TL gemahlener Zimt
200 g abgezogene,
gemahlene Mandeln

Zum Verzieren:
400–500 ml Schlagsahne
1 Pck. Sahnesteif
1 Pck. Bourbon-Vanille-Zucker
1 TL Zucker
1 TL gemahlener Zimt

Zuckerperlen nach Belieben

Zubereitungszeit:
40 Minuten, ohne Abkühlzeit, und etwa 70 Minuten Backzeit

Insgesamt:
E: 101 g, F: 368 g, Kh: 511 g, kJ: 24565, kcal: 5866

1 Für den Teig Butter oder Margarine mit Handrührgerät mit Rührbesen auf höchster Stufe geschmeidig rühren. Nach und nach Zucker, Vanillin-Zucker und Salz unterrühren. So lange rühren, bis eine gebundene Masse entstanden ist.

2 Eier nach und nach unterrühren (jedes Ei etwa ½ Minute), Zimt und Amaretto unterrühren. Mehl mit Backpulver mischen, sieben, in 2 Portionen kurz auf mittlerer Stufe unterrühren. Den Springformboden einer Springform (Ø 26 cm, Boden gefettet) mit Mandeln bestreuen. Den Teig darauf geben und glatt streichen.

3 Für den Belag Äpfel schälen, vierteln, entkernen, achteln und auf den Teig legen.

4 Für die Makronenmasse Eiweiß sehr steif schlagen. Puderzucker kurz unterschlagen. Amaretto, Zimt und Mandeln vorsichtig unterrühren. Die Eischnee-Mandel-Masse auf den Apfelstücken verteilen. Die Form mit Alufolie zudecken (glänzende Seite nach innen) und auf dem Rost in den Backofen schieben.

Ober-/Unterhitze: etwa 180 °C (vorgeheizt)
Heißluft: etwa 160 °C (nicht vorgeheizt)
Gas: etwa Stufe 3 (nicht vorgeheizt)
Backzeit: etwa 70 Minuten (nach etwa 45 Minuten Backzeit die Folie entfernen).

5 Die Torte aus der Form lösen und auf einem Kuchenrost erkalten lassen.

6 Zum Verzieren Sahne mit Sahnesteif, Vanille-Zucker und Zucker steif schlagen. Tortenoberfläche und -rand damit bestreichen. Mit einem Löffel und mit einer Gabel wellenförmig verzieren. Torte kalt stellen.

7 Die Torte vor dem Servieren mit Zimt bestreuen und nach Belieben mit Zuckerperlen garnieren.

Knetteigtorte mit Ricotta und Graupen

Sehr aufwändig

Zum Vorbereiten:
200 g Graupen

Für den Knetteig:
300 g Weizenmehl
125 g gesiebter Puderzucker
3 Eigelb (Größe M)
abgeriebene Schale von
1/2 Bio-Orange, 150 g Butter

Für die Füllung:
500 ml (1/2 l) Milch
50 g Zucker
2 Pck. Vanillin-Zucker
1 Prise Salz, 500 g Ricotta
(italienischer Frischkäse)
150 g Zucker
1 gestr. TL gemahlener Zimt
je 1 Pck. (je 100 g) fein
gehacktes Zitronat
und Orangeat
1 Pck. Finesse Geriebene
Zitronenschale
1 Pck. Finesse Orangenfrucht
5 Eigelb, 3 Eiweiß (Größe M)

2 EL Milch
Puderzucker

Minzeblättchen nach Belieben

Zubereitungszeit:
75 Minuten, ohne Einweich- und Kühlzeit, und etwa 70 Minuten Backzeit

Insgesamt:
E: 156 g, F: 281 g, Kh: 899 g, kJ: 28334, kcal: 6764

1 Zum Vorbereiten Graupen in kaltem Wasser 24 Stunden einweichen.

2 Für den Teig Mehl in eine Rührschüssel sieben. Restliche Zutaten hinzufügen und mit Handrührgerät mit Knethaken auf höchster Stufe gut durcharbeiten. Anschließend auf einer bemehlten Arbeitsfläche zu einem glatten Teig verkneten und zu einer Kugel formen. Teigkugel in Folie gewickelt 1 Stunde kalt stellen.

3 Für die Füllung Graupen abtropfen lassen, in einen Topf geben. Milch hinzugießen, unter Rühren zum Kochen bringen und unter gelegentlichem Rühren etwa 20 Minuten kochen lassen, bis die Milch völlig aufgesogen ist. Zucker, Vanillin-Zucker und Salz gut unterrühren. Graupenmasse abkühlen lassen. Ricotta mit Zucker, Zimt, Zitronat, Orangeat, Zitronenschale, Orangenfrucht und Eigelb gut verrühren. Graupenmasse unterrühren. Eiweiß steif schlagen und vorsichtig unterheben.

4 Knapp ein Drittel des Teiges auf der bemehlten Arbeitsfläche zu einer runden Platte (Ø 28 cm) ausrollen, mit einem Teigrädchen 16–20 Streifen ausschneiden, beiseite legen. Die Hälfte des restlichen Teiges auf dem Boden einer Springform (Ø 28 cm, gefettet) ausrollen, Springformrand darumstellen. Restlichen Teig zu einer langen Rolle formen, sie als Rand auf den Teigboden legen, so an die Form drücken, dass ein etwa 3 cm hoher Rand entsteht. Graupen-Ricotta-Masse hineingeben, glatt streichen. Beiseite gelegte Teigstreifen gitterartig darauf legen, mit Milch bestreichen. Die Form auf dem Rost in den Backofen schieben.

Ober-/Unterhitze: etwa 180 °C (vorgeheizt)
Heißluft: etwa 160 °C (nicht vorgeheizt)
Gas: Stufe 2–3 (nicht vorgeheizt)
Backzeit: etwa 70 Minuten (evtl. nach der Hälfte der Backzeit die Kuchenoberfläche mit Backpapier zudecken).

5 Die Torte noch etwa 20 Minuten im ausgeschalteten Backofen stehen lassen, herausnehmen und auf einem Kuchenrost erkalten lassen. Dann die Torte aus der Form lösen und auf eine Tortenplatte legen. Torte mit Puderzucker bestäuben, nach Belieben mit Minzeblättchen garnieren.

Zabaione-Torte

Für Gäste – Mit Alkohol

Für den Biskuitteig (2 Böden):

4 Eier (Größe M)
100 g Zucker
2 Pck. Vanillin-Zucker
100 g Weizenmehl
60 g Speisestärke
2 gestr. TL Backpulver

Zum Bestreichen und Bestreuen:

250 g Vollmilchschokolade

Für die Zabaione-Füllung:

5 Blatt weiße Gelatine
1 frisches Ei (Größe M)
2 frische Eigelb (Größe M)
150 g Zucker
150 ml Marsalawein
400 ml Schlagsahne

Zubereitungszeit:
50 Minuten, ohne Abkühlzeit, und etwa 25 Minuten Backzeit je Boden

Insgesamt:
E: 93 g, F: 250 g, Kh: 546 g, kJ: 20643, kcal: 4927

1 Für den Teig Eier mit Handrührgerät mit Rührbesen auf höchster Stufe in 1 Minute schaumig schlagen. Zucker und Vanillin-Zucker mischen, in 1 Minute einstreuen, dann noch etwa 2 Minuten schlagen.

2 Mehl mit Speisestärke und Backpulver mischen, die Hälfte davon auf die Eiercreme sieben, kurz auf niedrigster Stufe unterrühren. Restliches Mehlgemisch auf die gleiche Weise unterarbeiten. Den Teig in 2 Springformen (je Ø 26 cm, Boden gefettet, mit Backpapier belegt) füllen und glatt streichen. Die Formen nacheinander (bei Heißluft zusammen) auf dem Rost in den Backofen schieben.

Ober-/Unterhitze: etwa 180 °C (vorgeheizt)
Heißluft: etwa 160 °C (vorgeheizt)
Gas: Stufe 2–3 (vorgeheizt)
Backzeit: etwa 25 Minuten je Boden.

3 Die Biskuitböden aus den Formen lösen, auf je einen mit Backpapier belegten Kuchenrost stürzen, mitgebackenes Backpapier abziehen. Biskuitböden erkalten lassen.

4 Zum Bestreichen und Bestreuen 100 g von der Schokolade in Stücke brechen, in einem kleinen Topf im Wasserbad bei schwacher Hitze geschmeidig rühren. Die Böden damit bestreichen. Restliche Schokolade klein hacken (etwas zum Verzieren zurücklassen). Die Böden sofort damit bestreuen. Schokolade fest werden lassen.

5 Einen Biskuitboden auf eine Tortenplatte legen, einen Tortenring oder den gesäuberten Springformrand darumstellen.

6 Für die Füllung Gelatine in kaltem Wasser nach Packungsanleitung einweichen. Ei, Eigelb, Zucker und Marsalawein in einem Topf im Wasserbad mit Handrührgerät mit Rührbesen etwa 5 Minuten aufschlagen, damit die Masse etwa eine Temperatur von 70 °C erreicht.

7 Gelatine tropfnass unter die Weinmasse rühren. So lange rühren, bis sie völlig gelöst ist. Masse erkalten lassen, dabei ab und zu umrühren.

(Fortsetzung Seite 42)

8 Sahne steif schlagen. Wenn die Weinmasse anfängt dicklich zu werden, Sahne unterheben. Die Hälfte der Weincreme auf den unteren Boden streichen. Den zweiten Boden darauf legen und leicht andrücken. Restliche Weincreme auf den oberen Boden geben und glatt streichen. Mit der zurückgelassenen gehackten Schokolade bestreuen. Torte 2–3 Stunden kalt stellen.

9 Tortenring oder Springformrand vorsichtig mit Hilfe eines Messers lösen und entfernen.

Amarettini-Eierpflaumen-Torte

Für Gäste

Für den Boden:
50 g Amarettini
100 g Löffelbiskuits
125 g Butter

Für die Füllung:
5 Blatt weiße Gelatine
300 g Vanillejoghurt
200 g Doppelrahm-Frischkäse
Saft von 1 Zitrone,
50 g Zucker
1 Pck. Bourbon-Vanille-Zucker
250 ml (1/4 l) Schlagsahne

Für den Belag:
750 g Eierpflaumen
2 Pck. Tortenguss, klar
je 250 ml (1/4 l) Apfelsaft
und Wasser, 30 g Zucker

Zum Bestreuen und Garnieren:
25 g Amarettini

Zubereitungszeit:
50 Minuten, ohne Kühlzeit

Insgesamt:
E: 70 g, F: 270 g, Kh: 371 g, kJ: 17746, kcal: 4232

1 Für den Boden Amarettini und Löffelbiskuits in einen Gefrierbeutel geben, Beutel verschließen. Amarettini und Löffelbiskuits mit einer Teigrolle fein zerbröseln und in eine Schüssel geben. Butter zerlassen und mit den Bröseln gut vermengen. Die Bröselmasse in eine Springform (Ø 26 cm, Boden gefettet, mit Backpapier belegt) geben und mit Hilfe eines Löffels gut andrücken. Boden kurz kalt stellen.

2 Für die Füllung Gelatine in kaltem Wasser nach Packungsanleitung einweichen. Joghurt mit Frischkäse, Zitronensaft, Zucker und Vanille-Zucker in einer Schüssel gut verrühren. Gelatine leicht ausdrücken, in einem Topf unter Rühren erwärmen (nicht kochen), bis sie völlig gelöst ist, leicht abkühlen lassen. Gelatine zunächst mit etwas von der Joghurtmasse verrühren, dann mit der restlichen Joghurtmasse verrühren, kalt stellen.

3 Sahne steif schlagen. Sobald die Masse anfängt dicklich zu werden, Sahne unterheben. Die Creme auf den Bröselboden geben und glatt streichen. Torte etwa 2 Stunden kalt stellen.

4 Für den Belag Pflaumen waschen, halbieren, entsteinen und vierteln. Pflaumen kuppelartig auf der Tortenoberfläche verteilen.

5 Einen Guss aus Tortengusspulver, Apfelsaft, Wasser und Zucker nach Packungsanleitung zubereiten. Den Guss auf den Pflaumen verteilen. Pflaumen mit leicht zerbröselten Amarettini bestreuen. Guss fest werden lassen. Die Torte aus der Form lösen und auf eine Tortenplatte legen.

Espresso-Torte mit Ricotta

Für Gäste

Für den Boden:

300 g Löffelbiskuits
125 g Butter

Für den Belag:

6 Blatt weiße Gelatine
100 ml Espresso oder starker Kaffee
500 g Ricotta (italienischer Frischkäse)
250 g Sahnequark (40 %)
100 g Zucker
1 Pck. Bourbon-Vanille-Zucker
250 ml (1/4 l) Schlagsahne

Zum Garnieren und Bestäuben:

75 g Vollmilch-Kuvertüre
etwas Kakaopulver
einige Schokostäbchen

Zubereitungszeit :

35 Minuten, ohne Kühlzeit

Insgesamt:

E: 133 g, F: 345 g, Kh: 391 g, kJ: 21865, kcal: 5225

1 Für den Boden etwa 200 g der Löffelbiskuits mit einem Sägemesser in 5 cm lange Stücke schneiden. Die abgeschnittenen Reste und die restlichen ganzen Löffelbiskuits in einen Gefrierbeutel geben, Beutel verschließen. Löffelbiskuits mit einer Teigrolle zerbröseln und in eine Rührschüssel geben. Butter zerlassen und mit den Biskuitbröseln gut vermengen.

2 Die Bröselmasse in eine Springform (Ø 26 cm, Boden gefettet, mit Backpapier belegt) geben und mit einem Löffel zu einem Boden andrücken. Löffelbiskuitstücke mit der Rundung nach oben dicht an dicht an den Springformrand stellen.

3 Für den Belag Gelatine in kaltem Wasser nach Packungsanleitung einweichen. Espresso oder Kaffee mit Ricotta, Quark, Zucker und Vanille-Zucker gut verrühren. Gelatine leicht ausdrücken, in einem kleinen Topf unter Rühren erwärmen (nicht kochen), bis sie völlig gelöst ist, leicht abkühlen lassen.

4 Gelatine zunächst mit etwas von der Ricottamasse verrühren, dann mit der restlichen Ricottamasse verrühren, kalt stellen.

5 Sahne steif schlagen. Sobald die Masse anfängt dicklich zu werden, Sahne unterheben. Die Creme in die vorbereitete Springform geben, dabei darauf achten, dass die Löffelbiskuits aufrecht stehen bleiben. Mit Hilfe eines Teelöffels Vertiefungen in die Oberfläche drücken. Torte etwa 2 Stunden kalt stellen.

6 Zum Garnieren und Bestäuben Kuvertüre in Stücke hacken, in einem kleinen Topf im Wasserbad bei schwacher Hitze zu einer geschmeidigen Masse verrühren und auf eine Platte gießen. Kuvertüre wieder fest werden lassen. Mit einem Spatel breite Schokoladenlocken abschaben. Torte vor dem Servieren mit Kakao bestäuben und mit den Schokoladenlocken und den Schokostäbchen garnieren.

Tipp: Die Torte kann bereits am Vortag zubereitet werden. Soll die Torte fruchtiger sein, kann der Bröselboden zusätzlich mit gut abgetropften Sauerkirschen belegt werden. Dann die Tortenoberfläche zusätzlich mit einigen Sauerkirschen garnieren.

Biskuit-Creme-Torte (Zuppa Inglese)

Mit Alkohol

Für den Biskuitteig:
4 Eier (Größe M)
130 g Zucker
1 Pck. Finesse Geriebene Zitronenschale
100 g Weizenmehl
100 g Speisestärke
2 gestr. TL Backpulver

Zum Tränken:
3 EL roter Orangenlikör
3 EL Wasser

5 EL Rum
3 EL Wasser

Für die Füllung:
50 g Speisestärke
40 g Zucker
500 ml (1/2 l) Milch
3 Eigelb (Größe M)
50 g Butter
1 TL Finesse Bourbon-Vanille-Aroma
125 g gemischte kandierte Früchte, z. B. Fruttamix

Zum Bestreichen:
3 Eiweiß (Größe M)
100 g gesiebter Puderzucker

25 g kandierte halbierte Kirschen

Zubereitungszeit:
65 Minuten, ohne Abkühlzeit, und 40–45 Minuten Backzeit

Insgesamt:
E: 79 g, F: 108 g, Kh: 604 g, kJ: 16381, kcal: 3911

1 Für den Teig aus den angegebenen Zutaten wie auf Seite 24 beschrieben einen Biskuitteig zubereiten. Eine Springform (Ø 22 cm) fetten und mehlen. Den Springformrand mit einem Streifen Backpapier so auslegen, dass der Streifen etwa 3 cm höher als die Form ist. Den Teig in die Springform geben und glatt streichen. Die Form auf dem Rost in den Backofen schieben.

Ober-/Unterhitze: etwa 180 °C (vorgeheizt)
Heißluft: etwa 160 °C (vorgeheizt)
Gas: Stufe 2–3 (vorgeheizt)
Backzeit: etwa 30 Minuten.

2 Boden aus der Form lösen, auf einem mit Backpapier belegten Kuchenrost erkalten lassen, zweimal waagerecht durchschneiden. Unteren Boden auf eine feuerfeste Platte legen, oberen Boden so schneiden, dass eine abgeflachte Kuppel entsteht. Zum Tränken Likör mit Wasser verrühren. Den mittleren Boden damit beträufeln. Rum mit Wasser verrühren. Den unteren und oberen Boden damit tränken.

3 Für die Füllung Speisestärke mit Zucker und etwas Milch anrühren. Restliche Milch zum Kochen bringen. Angerührte Speisestärke unterrühren, unter Rühren nochmals kurz aufkochen. Topf von der Kochstelle nehmen, Eigelb, Butter und Aroma unterrühren. Pudding mit Klarsichtfolie zudecken, lauwarm abkühlen lassen. Die kandierten Früchte (2 Esslöffel zum Garnieren beiseite legen) unter die Puddingmasse rühren. Den unteren Boden mit der Hälfte der Puddingmasse bestreichen, den mittleren Boden darauf legen, restliche Puddingmasse darauf verteilen, den kuppelartigen Boden darauf geben, leicht andrücken.

4 Zum Bestreichen Eiweiß steif schlagen, Puderzucker unterschlagen. Die Kuppeltorte mit der Eischneemasse bestreichen, evtl. mit einem Esslöffel Vertiefungen eindrücken, beiseite gelegte Früchte darauf verteilen. Zusätzlich noch mit kandierten Kirschhälften belegen. Die Torte mit der Platte auf dem Rost in den vorgeheizten Backofen schieben und bei Ober-/Unterhitze: etwa 140 °C, Heißluft: etwa 120 °C, Gas: etwa Stufe 1 10–15 Minuten überbacken.

5 Die Torte mit der Platte auf einen Kuchenrost stellen und erkalten lassen.

Karamell-Mascarpone-Torte mit Mango

Für Gäste

Für den Biskuitteig:
3 Eier (Größe M)
125 g Zucker
1 Pck. Finesse Geriebene Zitronenschale
7 EL (100 ml) Speiseöl
4 EL Milch
200 g Weizenmehl
2 gestr. TL Backpulver
70 g fein gehackte Pekannusskerne

Für den Belag:
2 Dosen Mangos in Scheiben (Abtropfgewicht je 225 g)
2 geh. EL Speisestärke
2 EL Wasser
250 ml (1/4 l) Mangosaft aus der Dose, evtl. mit Wasser aufgefüllt
4 Blatt weiße Gelatine
250 g Mascarpone (italienischer Frischkäse)
8 EL Karamellsirup (z. B. Sirop de Caramel von Monin)
200 ml Schlagsahne

Zum Garnieren:
einige Pekannusshälften

Zubereitungszeit:
60 Minuten, ohne Kühlzeit, und etwa 25 Minuten Backzeit

Insgesamt:
E: 80 g, F: 365 g, Kh: 578 g, kJ: 24888, kcal: 5935

1 Für den Teig Eier und Zucker mit Handrührgerät mit Rührbesen auf höchster Stufe schaumig schlagen. Zitronenschale, Speiseöl und Milch unterschlagen. Mehl mit Backpulver mischen, die Hälfte davon auf die Eiercreme sieben, kurz auf niedrigster Stufe unterrühren. Restliches Mehlgemisch auf die gleiche Weise unterarbeiten. Pekannusskerne unterheben. Teig in eine Springform (Ø 26 cm, Boden gefettet, mit Backpapier belegt) geben, glatt streichen. Form auf dem Rost in den Backofen schieben.

Ober-/Unterhitze: etwa 200 °C (vorgeheizt)
Heißluft: etwa 180 °C (vorgeheizt)
Gas: Stufe 3–4 (vorgeheizt)
Backzeit: etwa 25 Minuten.

2 Den Tortenboden aus der Form lösen und auf einen mit Backpapier belegten Kuchenrost stürzen. Mitgebackenes Backpapier abziehen. Tortenboden erkalten lassen.

3 Für den Belag Mangoscheiben gut abtropfen lassen, Saft auffangen. 3 Mangoscheiben und 4 Esslöffel des Saftes beiseite stellen. Restliche Mangoscheiben in kleine Würfel schneiden. Speisestärke mit Wasser anrühren. Restlichen Mangosaft mit Wasser auf 250 ml (1/4 l) auffüllen, zum Kochen bringen. Angerührte Speisestärke unterrühren, unter Rühren kurz aufkochen lassen. Mangowürfel unterheben, abkühlen lassen. Den Tortenboden auf eine Platte legen. Einen Tortenring darumlegen. Mangomasse auf dem Tortenboden verteilen, kalt stellen.

4 Gelatine nach Packungsanleitung einweichen. Ausgedrückte Gelatine unter Rühren erwärmen (nicht kochen), bis sie völlig gelöst ist, leicht abkühlen lassen. Beiseite gestellten Mangosaft unterrühren.

5 Mascarpone mit Sirup gut verrühren. Gelatinelösung unterrühren. Sahne steif schlagen und unterheben. Die Mascarponecreme auf der Mangomasse verteilen, und glatt streichen. Torte etwa 3 Stunden kalt stellen. Tortenring lösen und entfernen.

6 Zum Garnieren die beiseite gestellten Mangoscheiben in Spalten schneiden. Die Torte mit Mangospalten und Pekannusskernhälften garnieren.

Tiramisu-Torte (Titelfoto)

Für Gäste – Mit Alkohol

Für den Biskuitteig:
1 Ei (Größe M)
1 EL heißes Wasser
50 g Zucker
1 Pck. Vanillin-Zucker
50 g Weizenmehl
1/2 gestr. TL Backpulver

Zum Tränken:
150 ml kalter Espresso oder starker Kaffee
3 EL Amaretto (italienischer Mandellikör)

100 g Löffelbiskuits

Für die Tiramisucreme:
8 Blatt weiße Gelatine
500 g Mascarpone (italienischer Frischkäse)
250 g Magerquark
125 ml (1/8 l) Milch
50 g Zucker
2 EL Amaretto (italienischer Mandellikör)
400 ml Schlagsahne

Zum Bestäuben:
Kakaopulver

Zubereitungszeit:
50 Minuten, ohne Kühlzeit, und etwa 20 Minuten Backzeit

Insgesamt:
E: 100 g, F: 385 g, Kh: 279 g, kJ: 21651, kcal: 5168

1 Für den Teig Eier und Wasser mit Handrührgerät mit Rührbesen auf höchster Stufe in 1 Minute schaumig schlagen. Zucker und Vanillin-Zucker mischen, in 1 Minute einstreuen, dann noch etwa 2 Minuten schlagen.

2 Mehl mit Backpulver mischen, auf die Eiercreme sieben und kurz auf niedrigster Stufe unterrühren. Den Teig in eine Springform (Ø 26 cm, Boden gefettet, mit Backpapier belegt) geben und glatt streichen. Die Form auf dem Rost in den Backofen schieben.

Ober-/Unterhitze: etwa 180 °C (vorgeheizt)
Heißluft: etwa 160 °C (vorgeheizt)
Gas: Stufe 2–3 (vorgeheizt)
Backzeit: etwa 20 Minuten.

3 Den Biskuitboden aus der Form lösen und auf einen mit Backpapier belegten Kuchenrost stürzen. Mitgebackenes Backpapier abziehen. Biskuitboden erkalten lassen.

4 Zum Tränken Espresso oder Kaffee mit Amaretto verrühren. Den Biskuitboden und die Löffelbiskuits mit einem Drittel der Kaffee-Likör-Flüssigkeit tränken.

5 Für die Creme Gelatine in kaltem Wasser nach Packungsanleitung einweichen. Mascarpone mit Quark, Milch, Zucker, Amaretto und 2 Esslöffeln der restlichen Kaffee-Likör-Flüssigkeit glatt rühren. Gelatine leicht ausdrücken, in einem kleinen Topf unter Rühren erwärmen (nicht kochen), bis sie völlig gelöst ist, leicht abkühlen lassen. Gelatine mit 3 Esslöffeln der Mascarponemasse verrühren, dann mit der restlichen Mascarponemasse verrühren, kalt stellen.

6 Sahne steif schlagen. Sobald die Masse anfängt dicklich zu werden, Sahne unterheben. Den getränkten Biskuitboden auf eine Tortenplatte legen, einen Tortenring darumstellen. Die Hälfte der Creme darauf geben und glatt streichen. Löffelbiskuits mit der Zuckerseite nach unten darauf legen und mit der restlichen Kaffee-Likör-Flüssigkeit tränken. Restliche Creme darauf verteilen. Torte 2–3 Stunden kalt stellen. Tortenring lösen und entfernen. Tortenoberfläche mit Kakao bestäuben.

Espresso-Torte

Mit Alkohol – Für Gäste

Für den Biskuitteig:
200 g Butter
3–4 gestr. EL Instant-Espressopulver
3 Eier (Größe M)
120 g Zucker
2 Pck. Vanillin-Zucker
80 g Weizenmehl
120 g Speisestärke
3 gestr. TL Backpulver

Zum Beträufeln:
2–3 EL Eierlikör oder Baileys

Für die Füllung:
100 g Marzipan-Rohmasse
500 ml (1/2 l) Schlagsahne
1 Pck. Bourbon-Vanille-Zucker
1 EL Zucker

Zum Garnieren und Bestäuben:
125 g Marzipan-Rohmasse
3 geh. EL gesiebter Puderzucker
3 gestr. TL Kakaopulver
2 gestr. TL Instant-Espressopulver

Zubereitungszeit:
50 Minuten, ohne Abkühlzeit, und etwa 35 Minuten Backzeit

Insgesamt:
E: 75 g, F: 430 g, Kh: 471 g, kJ: 25450, kcal: 6077

1 Für den Teig Butter zerlassen, Espressopulver unterrühren, etwas abkühlen lassen. Eier mit Handrührgerät mit Rührbesen auf höchster Stufe in 1 Minute schaumig schlagen. Zucker mit Vanillin-Zucker mischen, in 1 Minute einstreuen, dann noch etwa 2 Minuten schlagen.

2 Mehl mit Speisestärke und Backpulver mischen. Die Hälfte davon auf die Eiercreme sieben, kurz auf niedrigster Stufe unterrühren. Restliches Mehlgemisch auf die gleiche Weise unterarbeiten. Die lauwarme Espresso-Butter-Mischung vorsichtig unterheben. Den Teig in eine Springform (Ø 26 cm, Boden gefettet) geben und glatt streichen. Die Form auf dem Rost in den Backofen schieben.

Ober-/Unterhitze: etwa 180 °C (vorgeheizt)
Heißluft: etwa 160 °C (nicht vorgeheizt)
Gas: Stufe 2–3 (nicht vorgeheizt)
Backzeit: etwa 35 Minuten.

3 Den Biskuitboden etwa 5 Minuten in der Form stehen lassen, dann aus der Form lösen und auf einen mit Backpapier belegten Kuchenrost legen. Biskuitboden erkalten lassen.

4 Den Biskuitboden mit Hilfe eines Esslöffels etwa 1 cm tief aushöhlen, dabei einen 1–2 cm breiten Rand stehen lassen. Die Oberfläche dazu vorher mit einem scharfen Messer einschneiden. Gebäckreste in einer Schüssel fein zerbröseln und mit Eierlikör oder Baileys beträufeln.

5 Für die Füllung Marzipan-Rohmasse klein schneiden und in einen hohen Rührbecher geben. 100 ml von der Sahne hinzufügen und mit einem Schneidstab pürieren. Restliche Sahne mit Vanille-Zucker und Zucker steif schlagen. Die Marzipan-Sahne zu den Gebäckbröseln geben und unterheben. Die Masse kuppelartig in dem ausgehöhlten Boden verteilen.

6 Zum Garnieren und Bestäuben Marzipan-Rohmasse klein schneiden, mit 2 gehäuften Esslöffeln Puderzucker verkneten und auf einer mit Puderzucker bestäubten Arbeitsfläche zu einer runden Platte (Ø 28 cm) ausrollen.

(Fortsetzung Seite 54)

7 Marzipanplatte auf die Füllung legen und leicht andrücken. Restlichen Puderzucker mit Kakao und Espressopulver mischen. Die Tortenoberfläche kurz vor dem Servieren damit bestäuben. Mit einer Gabel Streifen durch die Oberfläche ziehen.

Nonnentorte

Raffiniert

Für die Füllung:

2 Pck. Pudding-Pulver Vanille-Geschmack
60 g Zucker
750 ml (3/4 l) Milch
1 Eigelb (Größe M)

Für den Teig:

250 g weiche Butter
200 g Zucker
1 Pck. Bourbon-Vanille-Zucker
3 Eier, 3 Eigelb (Größe M)
500 g Ricotta
250 g Sahnequark (40 %)
200 g Weizenmehl
3 gestr. TL Backpulver

Zum Bestreichen und Bestreuen:

200 g Orangenmarmelade
60 g fein gehackte Zartbitterschokolade

Zum Garnieren:

Puderzucker
halbierte Orangenscheiben

Zubereitungszeit:

45 Minuten, ohne Abkühlzeit, und etwa 1 1/2 Stunden Backzeit

Insgesamt:

E: 162 g, F: 408 g, Kh: 696 g, kJ: 29846, kcal: 7122

1 Für die Füllung aus Pudding-Pulver, Zucker und Milch (aber mit den hier angegebenen Zutaten) nach Packungsanleitung einen Pudding zubereiten. Eigelb unterrühren. Den Pudding mit Frischhaltfolie zugedeckt lauwarm abkühlen lassen.

2 Für den Teig Butter mit Handrührgerät mit Rührbesen geschmeidig rühren. Nach und nach Zucker und Vanille-Zucker unterrühren. So lange rühren, bis eine gebundene Masse entstanden ist. Eier und Eigelb nach und nach unterrühren (jedes Ei, Eigelb etwa 1/2 Minute). Ricotta und Quark gut unterrühren. Mehl mit Backpulver mischen, auf die Ricotta-Quark-Masse sieben und unterrühren.

3 Zwei Drittel des Ricottateiges so in eine Springform (Ø 26 cm, Boden gefettet, gemehlt) geben, dass der Rand 2–3 cm höher ist und somit eine Mulde entsteht. Die vorbereitete Füllung in die Mulde geben und mit Marmelade bestreichen. Schokoladenstückchen darauf streuen. Restlichen Ricottateig darauf verteilen. Die Form auf dem Rost in den Backofen schieben.

Ober-/Unterhitze: etwa 160 °C (vorgeheizt)
Heißluft: etwa 140 °C (nicht vorgeheizt)
Gas: Stufe 1–2 (nicht vorgeheizt)
Backzeit: etwa 1 1/2 Stunden.

4 Die Torte 10 Minuten im ausgeschalteten Backofen stehen lassen. Anschließend die Form auf einen Kuchenrost stellen. Die Torte etwas abkühlen lassen, dann aus der Form nehmen. Die Torte mit Puderzucker bestäuben und mit den halbierten Orangenscheiben garnieren. Die Torte lauwarm oder kalt servieren.

Cappuccino-Joghurt-Torte

Raffiniert

Für den All-in-Teig:

100 g Weizenmehl
30 g Speisestärke
10 g Kakaopulver
3 gestr. TL Backpulver
150 g Zucker
1 Pck. Vanillin-Zucker
1 Prise Salz
3 Eier (Größe M)
1 EL Wasser
125 g Butter
30 g Kokosraspel

Für die Füllung:

8 Blatt weiße Gelatine
3 EL Wasser
2 Beutel (je 10 g)
Instant-Cappuccino-Pulver
500 g Naturjoghurt
150 g Zucker
1 Dose Aprikosenhälften
(Abtropfgewicht 240 g)
500 ml (1/2 l) Schlagsahne
2 Pck. Vanillin-Zucker

Zum Garnieren:

30 g Mokka-Sahne-Schokolade

Zubereitungszeit:

40 Minuten, ohne Kühlzeit und etwa 30 Minuten Backzeit

Insgesamt:

E: 88 g, F: 336 g, Kh: 533 g, kJ: 23174, kcal: 5532

1 Für den Teig Mehl mit Speisestärke, Kakao und Backpulver mischen, in eine Rührschüssel sieben. Zucker, Vanillin-Zucker, Salz, Eier, Wasser, Butter und Kokosraspel hinzufügen.

2 Die Zutaten mit Handrührgerät mit Rührbesen zunächst kurz auf niedrigster dann auf höchster Stufe in etwa 2 Minuten zu einem Teig verarbeiten. Den Teig in eine Springform (Ø 26 cm, Boden gefettet, mit Backpapier belegt) geben und glatt streichen. Die Form auf dem Rost in den Backofen schieben.

Ober-/Unterhitze: etwa 180 °C (vorgeheizt)
Heißluft: etwa 160 °C (vorgeheizt)
Gas: Stufe 2–3 (vorgeheizt)
Backzeit: etwa 30 Minuten.

3 Den Tortenboden aus der Form lösen, auf einen Kuchenrost stürzen, mitgebackenes Backpapier abziehen. Tortenboden erkalten lassen. Anschließend einmal waagerecht durchschneiden, dabei nach Belieben den oberen Boden etwas dicker schneiden als den unteren. Den unteren Boden auf eine Tortenplatte legen. Einen Tortenring darumlegen.

4 Für die Füllung Gelatine nach Packungsanleitung einweichen. Wasser erhitzen. Cappuccino-Pulver unterrühren. Gelatine leicht ausdrücken, unter Rühren in dem Cappuccino auflösen. Joghurt mit Zucker und der Cappuccino-Gelatine-Mischung verrühren, kalt stellen. Aprikosenhälften abtropfen lassen.

5 Sahne mit Vanillin-Zucker steif schlagen. Wenn die Masse anfängt dicklich zu werden, Sahne unterheben. Die Hälfte der Joghurt-Sahne auf den unteren Tortenboden geben, glatt streichen. Aprikosenhälften in Spalten schneiden, darauf verteilen. Den oberen Tortenboden darauf legen, restliche Joghurt-Sahne darauf verstreichen. Oberfläche mit Hilfe eines Esslöffels wellenförmig verzieren. Torte 2 Stunden kalt stellen. Den Tortenring lösen und entfernen.

6 Zum Garnieren Schokolade mit einem Sparschäler oder Messer zu Röllchen schaben, die Tortenoberfläche damit garnieren.

Ricottatorte mit Pfirsichen

Raffiniert

1 heller Biskuitboden
(Ø 26 cm, vom Bäcker)
oder den Biskuitboden
von Seite 20

Für den Belag:
6 Blatt weiße Gelatine
500 g Ricotta (ersatzweise Sahnequark oder Schichtkäse)
abgeriebene Schale und Saft von 1 Bio-Zitrone (unbehandelt, ungewachst)
100 g Zucker
1 Pck. Vanillin-Zucker
400 ml Schlagsahne
300 g Vollmilchjoghurt
1 Dose Pfirsichhälften (Abtropfgewicht 500 g)

Für den Guss:
1 Pck. Tortenguss, klar
2 EL Zucker
250 ml (1/4 l) Pfirsichsaft aus der Dose

Zum Verzieren und Bestreuen:
200 ml Schlagsahne
1 gestr. TL Sahnesteif
1 EL gehackte Pistazienkerne

Zubereitungszeit:
35 Minuten, ohne Kühlzeit

Insgesamt:
E: 122 g, F: 310 g, Kh: 612 g, kJ: 24153, kcal: 5764

1 Den Biskuitboden einmal waagerecht durchschneiden, den unteren Biskuitboden auf eine Tortenplatte legen und einen Tortenring darumstellen.

2 Für den Belag Gelatine in kaltem Wasser nach Packungsanleitung einweichen. Ricotta oder Quark oder Schichtkäse mit Zitronenschale und -saft, Zucker und Vanillin-Zucker verrühren.

3 Gelatine leicht ausdrücken, in einem kleinen Topf unter Rühren erwärmen (nicht kochen), bis sie völlig gelöst ist, leicht abkühlen lassen.

4 Aufgelöste Gelatine mit etwas von der Ricottamasse verrühren, dann mit der restlichen Ricottamasse verrühren, kalt stellen.

5 Sahne steif schlagen. Wenn die Ricottamasse anfängt dicklich zu werden, Joghurt und die Hälfte der Sahne unterrühren.

6 Pfirsichhälften in einem Sieb abtropfen lassen, den Saft dabei auffangen und 250 ml (1/4 l) davon abmessen (evtl. mit Wasser auffüllen). Die Hälfte der Pfirsichhälften pürieren und unter die Ricotta-Sahne-Creme rühren. Die Hälfte davon auf den unteren Tortenboden geben und glatt streichen. Den oberen Tortenboden darauf legen und leicht andrücken. Tortenoberfläche mit zwei Drittel der restlichen Ricotta-Sahne-Creme bestreichen. Torte kalt stellen.

7 Den Tortenring lösen und entfernen. Den Tortenrand mit der restlichen Ricotta-Sahne-Creme bestreichen. Restliche Pfirsichhälften in Spalten schneiden und in Form einer Blüte auf die Tortenoberfläche legen, dabei außen einen Rand frei lassen.

8 Für den Guss aus Tortengusspulver, Zucker und Pfirsichsaft nach Packungsanleitung einen Guss zubereiten und auf den Pfirsichspalten verteilen.

9 Zum Verzieren und Garnieren Sahne mit Sahnesteif steif schlagen, in einen Spritzbeutel mit kleiner Lochtülle füllen, den Tortenrand damit verzieren. Zusätzlich kleine Tupfen auf die Tortenoberfläche spritzen. Mit Pistazienkernen bestreuen.

Süßer Reiskuchen

Einfach – Für Kinder

Für die Reismasse:
150 g Arborio-Reis
100 g Zucker
750 ml (3/4 l) Milch
100 g abgezogene, gemahlene Mandeln
1 Msp. Salz
2 Eier (Größe M)
2 Eigelb (Größe M)
1 Pck. Finesse Geriebene Zitronenschale
1 Pck. Finesse Orangenfrucht
1 EL fein gehacktes Zitronat (Sukkade)
2 Eiweiß (Größe M)

Puderzucker

Zubereitungszeit:
40 Minuten, ohne Abkühlzeit, und etwa 45 Minuten Backzeit

Insgesamt:
E: 83 g, F: 111 g, Kh: 293 g, kJ: 10511, kcal: 2510

1 Für die Reismasse Reis, Zucker und Milch in einem Topf unter Rühren zum Kochen bringen und bei schwacher Hitze unter mehrmaligem Rühren etwa 20 Minuten nach Packungsanleitung gar kochen.

2 Mandeln und Salz hinzufügen und gut unterrühren. Reismasse etwas abkühlen lassen. Dann Eier, Eigelb, Zitronenschale, Orangenfrucht und Zitronat unterrühren. Eiweiß steif schlagen und unterheben.

3 Die Masse in eine Tarteform (Ø 30 cm, gefettet, gemehlt) geben und glatt streichen. Die Form auf dem Rost in den Backofen schieben.

Ober-/Unterhitze: etwa 160 °C (vorgeheizt)
Heißluft: etwa 140 °C (nicht vorgeheizt)
Gas: Stufe 1–2 (nicht vorgeheizt)
Backzeit: etwa 45 Minuten.

4 Die Form auf einen Kuchenrost stellen. Die Tarte erkalten lassen und vor dem Servieren mit Puderzucker bestäuben.

Beilage: Fruchtpüree, z. B. aus Aprikosen.

Espresso-Karamell-Kuchen

Gut vorzubereiten – Mit Alkohol

Für den Rührteig:
250 g Butter oder Margarine
220 g Zucker
1 Prise Salz
5 Eier (Größe M)
340 g Weizenmehl
2 gestr. TL Backpulver
3 gestr. TL Instant-Espressopulver
1–2 EL brauner Rum
1 Pck. (100 g) Karamell-Kugeln, z. B. Daim

Für den Guss:
2–3 TL Instant-Espressopulver
2 EL heißes Wasser
4–5 EL Puderzucker

Zubereitungszeit:
40 Minuten, ohne Abkühlzeit, und etwa 60 Minuten Backzeit

Insgesamt:
E: 78 g, F: 274 g, Kh: 572 g, kJ: 21324, kcal: 5095

1 Für den Teig Butter oder Margarine mit Handrührgerät mit Rührbesen auf höchster Stufe geschmeidig rühren. Nach und nach Zucker und Salz unterrühren. So lange rühren, bis eine gebundene Masse entstanden ist.

2 Eier nach und nach unterrühren (jedes Ei etwa 1/2 Minute). Mehl mit Backpulver mischen, sieben, in 2 Portionen kurz auf mittlerer Stufe unterrühren. Den Teig halbieren. Espressopulver mit Rum verrühren und unter eine Teighälfte rühren.

3 Mit einem Esslöffel abwechselnd etwas von dem hellen und dunklen Teig in eine Kastenform (30 x 11 cm, gefettet, mit Backpapier ausgelegt) geben. Auf jede Teigschicht einige Karamell-Kugeln streuen. Die Form auf dem Rost in den Backofen schieben.

Ober-/Unterhitze: etwa 180 °C (vorgeheizt)
Heißluft: etwa 160 °C (nicht vorgeheizt)
Gas: Stufe 2–3 (nicht vorgeheizt)
Backzeit: etwa 60 Minuten.

4 Den Kuchen aus der Form lösen und auf einem Kuchenrost erkalten lassen.

5 Für den Guss Espressopulver mit Wasser verrühren. Puderzucker nach und nach unterrühren, so dass eine dickflüssige Masse entsteht. Die Kuchenoberfläche mit dem Guss überziehen. Guss fest werden lassen.

Heidelbeerkuchen

Mit Alkohol – Fruchtig

Für den Knetteig:
300 g Weizenmehl
60 g Zucker
1 Prise Salz
125 g Butter
4 EL trockener Vin Santo oder Sherry

1 EL Weizenmehl

Für die Füllung:
6 Blatt rote Gelatine
350 g frische Heidelbeeren oder eine TK-Beerenmischung
125 ml (1/8 l) Wasser
Saft von 1/2 Zitrone
150 g Zucker
350 g frische Heidelbeeren oder eine TK-Beerenmischung

Zubereitungszeit.
50 Minuten, ohne Kühlzeit, und 15–20 Minuten Backzeit

Insgesamt:
E: 50 g, F: 115 g, Kh: 492 g, kJ: 13768, kcal: 3286

1 Für den Teig Mehl in eine Rührschüssel sieben. Zucker, Salz, Butter und Vin Santo oder Sherry hinzufügen. Die Zutaten mit Handrührgerät mit Knethaken zunächst kurz auf niedrigster, dann auf höchster Stufe gut durcharbeiten. Anschließend auf einer bemehlten Arbeitsfläche zu einem glatten Teig verkneten. Den Teig in Folie gewickelt etwa 1 Stunde kalt stellen.

2 Zwei Drittel des Teiges auf dem Boden einer Springform (Ø 26 cm, Boden gefettet) ausrollen, den Springformrand darumstellen. Restlichen Teig mit einem Esslöffel Mehl verkneten und zu einer langen Rolle formen, sie als Rand auf den Teigboden legen, so an die Form drücken, dass ein etwa 3 cm hoher Rand entsteht. Teigboden mehrmals mit einer Gabel einstechen. Die Form auf dem Rost in den Backofen schieben.

Ober-/Unterhitze: etwa 200 °C (vorgeheizt)
Heißluft: etwa 180 °C (vorgeheizt)
Gas: Stufe 3–4 (vorgeheizt)
Backzeit: 15–20 Minuten.

3 Die Form auf einen Kuchenrost stellen. Springformrand lösen und entfernen. Den Tortenboden vom Springformboden lösen, aber darauf erkalten lassen. Tortenboden auf eine Platte legen.

4 Für die Füllung Gelatine in kaltem Wasser nach Packungsanleitung einweichen. Beeren (350 g) verlesen, waschen, abtropfen lassen und in einen Topf geben. Wasser, Zitronensaft und Zucker hinzufügen. Die Zutaten zum Kochen bringen und bei schwacher Hitze unter mehrmaligem Rühren (mit einem Schneebesen) etwa 10 Minuten kochen lassen. Den Topf von der Kochstelle nehmen und die ausgedrückte Gelatine unter Rühren darin auflösen. Die Fruchtmasse kalt stellen.

5 Beeren (350 g) verlesen, waschen und gut abtropfen lassen. Wenn die Fruchtmasse anfängt dicklich zu werden, Beeren vorsichtig unterheben und auf dem Tortenboden verteilen. Torte 3–4 Stunden kalt stellen.

Beilage: Steif geschlagene Schlagsahne.

Sirup-Espresso-Gugelhupf

Gut vorzubereiten – Einfach

Zum Vorbereiten:
4–5 TL Instant-Espressopulver
3 EL heißes Wasser

Für den Schüttelteig:
250 g Weizenmehl
2 gestr. TL Backpulver
2 gestr. TL Kakaopulver
150 g Zucker
1 Pck. Vanillin-Zucker
1 Prise Salz
3 Eier (Größe M)
100 ml Milch
150 g zerlassene abgekühlte Butter oder Margarine

Für den Sirup:
150 g brauner Zucker
180 ml Wasser
3 TL Instant-Espressopulver
1 TL Finesse Orangenfrucht

Zubereitungszeit:
45 Minuten, ohne Abkühlzeit, und etwa 45 Minuten Backzeit

Insgesamt:
E: 54 g, F: 155 g, Kh: 499 g, kJ: 15064, kcal: 3597

1 Zum Vorbereiten Espressopulver mit Wasser gut verrühren.

2 Für den Teig Mehl mit Backpulver und Kakao mischen, in eine verschließbare Schüssel (3-Liter-Inhalt) sieben, mit Zucker, Vanillin-Zucker und Salz mischen. Eier, Milch, Butter oder Margarine und Espresso hinzufügen. Die Schüssel mit dem Deckel fest verschließen. Mehrmals (insgesamt 15–30 Sekunden) kräftig schütteln, so dass alle Zutaten gut vermischt sind.

3 Alles mit einem Schneebesen oder Rührlöffel nochmals sorgfältig durchrühren, damit vor allem trockene Zutaten vom Rand mit untergerührt werden.

4 Den Teig in eine Gugelhupfform (Ø 22 cm, gefettet, gemehlt) geben und glatt streichen. Die Form auf dem Rost in den Backofen schieben.

Ober-/Unterhitze: etwa 180 °C (vorgeheizt)
Heißluft: etwa 160 °C (nicht vorgeheizt)
Gas: Stufe 2–3 (nicht vorgeheizt)
Backzeit: etwa 45 Minuten.

5 Den Gugelhupf etwa 10 Minuten in der Form stehen lassen, dann aus der Form lösen und auf einen Kuchenrost stürzen. Den Gugelhupf mehrmals mit einem Holzstäbchen einstechen. Eine Platte unter den Kuchenrost stellen.

6 Für den Sirup Zucker, Wasser, Espressopulver und Orangenfrucht in einem kleinen Topf unter Rühren erhitzen, bis der Zucker aufgelöst ist. Sirup ohne Deckel etwa 3 Minuten köcheln lassen.

7 Den Gugelhupf mit dem Sirup beträufeln (mit Hilfe eines Pinsels). Abgetropften Sirup wieder auf den Kuchen träufeln, bis der gesamte Sirup vom Gugelhupf aufgesogen ist. Gugelhupf erkalten lassen.

Panettone

Klassisch – Zum Verschenken

Für den Hefeteig:
500 g Weizenmehl (Type 550)
1 Pck. Trockenhefe
100 g Zucker
2 Pck. Vanillin-Zucker
1 Prise Salz
abgeriebene Schale von 1 Bio-Zitrone (unbehandelt, ungewachst)
5 Eigelb (Größe M)
150 g zerlassene abgekühlte Butter
250 ml (1/4 l) lauwarme Schlagsahne
100 g Orangeat, fein gewürfelt
100 g Zitronat, fein gewürfelt
150 g Rosinen
75 g abgezogene, gehackte Mandeln

Zubereitungszeit:
30 Minuten, ohne Teiggehzeit, und 60–70 Minuten Backzeit

Insgesamt:
E: 99 g, F: 288 g, Kh: 736 g, kJ: 24947, kcal: 5956

1 Für den Teig Mehl in eine Rührschüssel sieben, mit Trockenhefe sorgfältig vermischen. Zucker, Vanillin-Zucker, Salz, Zitronenschale, Eigelb, Butter und Sahne hinzufügen.

2 Die Zutaten mit Handrührgerät mit Knethaken zunächst kurz auf niedrigster, dann auf höchster Stufe in etwa 5 Minuten zu einem Teig verarbeiten. Orangeat-, Zitronatwürfel, Rosinen und Mandeln unterarbeiten. Den Teig zugedeckt so lange an einem warmen Ort stehen lassen, bis er sich sichtbar vergrößert hat.

3 Eine Springform (Ø 18 cm, gefettet) mit einem doppelt gefalteten etwa 15 cm hohen Backpapierstreifen erhöhen, mit Büroklammern fixieren.

4 Den Teig leicht mit Mehl bestäuben, aus der Schüssel nehmen, auf einer bemehlten Arbeitsfläche nochmals kurz durchkneten und in die Form geben. Den Teig nochmals zugedeckt so lange an einem warmen Ort gehen lassen, bis er sich sichtbar vergrößert hat. Die Form auf dem Rost in den Backofen schieben.

Ober-/Unterhitze: 180–200 °C (vorgeheizt)
Heißluft: 160–180 °C (nicht vorgeheizt)
Gas: etwa Stufe 3 (nicht vorgeheizt)
Backzeit: 60–70 Minuten.

5 Den Kuchen evtl. einige Zeit vor Beendigung der Backzeit mit Backpapier zudecken, damit er nicht zu stark bräunt.

6 Den Kuchen etwa 10 Minuten in der Form stehen lassen, dann aus der Form lösen und auf einen mit Backpapier belegten Kuchenrost stürzen. Kuchen erkalten lassen.

Aprikosenkuchen

Fruchtig

Zum Vorbereiten:
1 Dose Aprikosenhälften (Abtropfgewicht 480 g) oder
500 g getrocknete Aprikosen
500 ml (1/2 l) Wasser
1 EL Zitronensaft

Für den Knetteig:
200 g Weizenmehl
100 g gesiebter Puderzucker
2 Eigelb (Größe M)
100 g Butter

Für die Füllung:
250 g Aprikosenkonfitüre

Nach Belieben zum Bestreuen:
25 g abgezogene, gehobelte Mandeln

Zubereitungszeit:
45 Minuten und etwa 42 Minuten Backzeit

Insgesamt:
E: 50 g, F: 117 g, Kh: 584 g, kJ: 15313, kcal: 3656

1 Zum Vorbereiten Aprikosenhälften in einem Sieb abtropfen lassen. Getrocknete Aprikosen mit Wasser und Zitronensaft in einem Topf zum Kochen bringen und etwa 10 Minuten kochen lassen. Anschließend in einem Sieb abtropfen lassen.

2 Für den Teig Mehl in eine Rührschüssel sieben. Puderzucker, Eigelb und Butter hinzufügen. Die Zutaten mit Handrührgerät mit Knethaken zunächst kurz auf niedrigster, dann auf höchster Stufe gut durcharbeiten.

3 Anschließend auf einer bemehlten Arbeitsfläche zu einem glatten Teig verkneten. Sollte er kleben, ihn in Folie gewickelt eine Zeit lang kalt stellen.

4 Zwei Drittel des Teiges auf dem Boden einer Springform (Ø 26 cm, gefettet) ausrollen, den Springformrand darumlegen. Teigboden mehrmals mit einer Gabel einstechen. Die Form auf dem Rost in den Backofen schieben und den Boden vorbacken.

Ober-/Unterhitze: etwa 180 °C (vorgeheizt)
Heißluft: etwa 160 °C (vorgeheizt)
Gas: Stufe 2–3 (vorgeheizt)
Backzeit: etwa 12 Minuten.

5 Die Form auf einen Kuchenrost stellen. Den Boden etwas abkühlen lassen. Restlichen Teig zu einer langen Rolle formen, sie als Rand auf den vorgebackenen Boden legen und so an die Form drücken, dass ein etwa 2 cm hoher Rand entsteht.

6 Für die Füllung den vorgebackenen Boden mit Marmelade bestreichen. Die vorbereiteten Aprikosenhälften darauf verteilen. Nach Belieben mit Mandeln bestreuen.

7 Die Form auf dem Rost in den Backofen schieben und den Kuchen **bei gleicher Backofeneinstellung in etwa 30 Minuten** fertig backen.

8 Den Kuchen aus der Form lösen und auf einem Kuchenrost erkalten lassen.

Beilage: Steif geschlagene Schlagsahne.

Sizilianischer Königskuchen

Dauert länger – Mit Alkohol

Für den Rührteig:
125 g Butter oder Margarine
125 g gesiebter Puderzucker
1 TL abgeriebene Zitronenschale von 1 Bio-Zitrone (unbehandelt, ungewachst)
2 Eigelb (Größe M)
125 g Weizenmehl
1 gestr. TL Backpulver
2 Eiweiß (Größe M)

Für die Füllung:
3 Blatt weiße Gelatine
250 g Ricotta (italienischer Frischkäse) oder Sahnequark
1 EL Schlagsahne
3 EL Orangenlikör
20 g Zucker
50 g gehackte Belegkirschen
50 g grob gehackte Zartbitterschokolade

Für den Guss:
100 g Zartbitterschokolade
20 g Kokosfett

Zubereitungszeit:
45 Minuten, ohne Kühlzeit, und etwa 40 Minuten Backzeit

Insgesamt:
E: 70 g, F: 227 g, Kh: 347 g, kJ: 15847, kcal: 3785

1 Für den Teig Butter oder Margarine mit Handrührgerät mit Rührbesen auf höchster Stufe geschmeidig rühren. Nach und nach Puderzucker und Zitronenschale unterrühren. So lange rühren, bis eine gebundene Masse entstanden ist.

2 Eigelb nach und nach unterrühren (jedes Eigelb knapp 1/2 Minute). Mehl mit Backpulver mischen, sieben und in 2 Portionen kurz auf mittlerer Stufe unterrühren. Eiweiß steif schlagen und vorsichtig unterheben.

3 Den Teig in eine Kastenform (30 x 11 cm, gefettet) geben und glatt streichen. Die Form auf dem Rost in den Backofen schieben.

Ober-/Unterhitze: 180–200 °C (vorgeheizt)
Heißluft: 160–180 °C (nicht vorgeheizt)
Gas: Stufe 3–4 (nicht vorgeheizt)
Backzeit: etwa 40 Minuten.

4 Den Kuchen aus der Form lösen und auf einem Kuchenrost erkalten lassen. Kuchen zweimal waagerecht durchschneiden.

5 Für die Füllung Gelatine in kaltem Wasser nach Packungsanleitung einweichen. Die leicht ausgedrückte Gelatine in einem kleinen Topf unter Rühren erwärmen (nicht kochen), bis sie völlig gelöst ist, leicht abkühlen lassen.

6 Ricotta oder Quark mit Sahne, Likör und Zucker verrühren. Gelatine mit etwas von der Ricottamasse verrühren, dann mit der restlichen Ricottamasse verrühren. Belegkirschen und Schokoladenstückchen unterrühren.

7 Den unteren Gebäckboden auf eine Platte legen. Die Hälfte der Ricottamasse darauf geben und glatt streichen. Den mittleren Gebäckboden darauf legen und mit der restlichen Ricottamasse bestreichen. Den oberen Boden darauf legen und leicht andrücken. Den Kuchen zugedeckt etwa 2 Stunden kalt stellen.

8 Für den Guss Schokolade in Stücke brechen, mit Kokosfett in einem kleinen Topf im Wasserbad zu einer geschmeidigen Masse verrühren. Den Kuchen damit überziehen. Guss fest werden lassen.

Amarettini-Kuchen

Gut vorzubereiten – Gefriergeeignet – Mit Alkohol

Zum Vorbereiten:
1 Glas Sauerkirschen (Abtropfgewicht 370 g)

Für den Rührteig:
125 g Butter oder Margarine
100 g Zucker
1 Pck. Vanillin-Zucker
1 Prise Salz
3 Eier (Größe M)
200 g Weizenmehl
2 gestr. TL Backpulver
3 EL Amaretto (italienischer Mandellikör)
2 EL abgezogene, gemahlene Mandeln
75 g Amarettini (italienisches Mandelgebäck)
50 g abgezogene, ganze Mandeln
Puderzucker

Zubereitungszeit:
15 Minuten und 40–50 Minuten Backzeit

Insgesamt:
E: 58 g, F: 152 g, Kh: 407 g, kJ: 13913, kcal: 3317

1 Zum Vorbereiten Sauerkirschen in einem Sieb gut abtropfen lassen.

2 Für den Teig Butter oder Margarine mit Handrührgerät mit Rührbesen auf höchster Stufe geschmeidig rühren. Nach und nach Zucker, Vanillin-Zucker und Salz unterrühren. So lange rühren, bis eine gebundene Masse entstanden ist.

3 Eier nach und nach unterrühren (jedes Ei etwa 1/2 Minute). Mehl mit Backpulver mischen, sieben, abwechselnd mit dem Amaretto und den Mandeln in 2 Portionen kurz auf mittlerer Stufe unterrühren. Amarettini und Sauerkirschen unterheben.

4 Den Teig in eine Springform (Ø 26 cm, Boden gefettet) geben und glatt streichen. Die Form auf dem Rost in den Backofen schieben.

Ober-/Unterhitze: etwa 180 °C (vorgeheizt)
Heißluft: etwa 160 °C (nicht vorgeheizt)
Gas: Stufe 2–3 (nicht vorgeheizt)
Backzeit: 40–50 Minuten.

5 Den Kuchen nach 15 Minuten Backzeit mit Mandeln bestreuen und fertig backen.

6 Den Kuchen aus der Form lösen und auf einem Kuchenrost erkalten lassen. Mit Puderzucker bestäuben.

Tipp: Dazu mit Amaretto abgeschmeckte Schlagsahne reichen.

Italienischer Gugelhupf

Zum Verschenken

Zum Vorbereiten:
50 g Halbbitter-Kuvertüre
30 g Butter
40 g Amarettini
(italienisches Mandelgebäck)

Für den Biskuitteig:
3 Eier (Größe M)
3 EL heißes Wasser
40 g Zucker
1 Pck. Vanillin-Zucker
1 Prise Salz
60 g Weizenmehl
25 g Speisestärke
1 Msp. Backpulver

Zum Tränken:
4 EL Kaffee
1 EL Kaffeelikör

Für den Guss:
100 g weiße Kuvertüre

Zum Bestreuen:
3 Amarettini
(italienisches Mandelgebäck)

Zubereitungszeit:
35 Minuten, ohne Abkühlzeit, und etwa 45 Minuten Backzeit

Insgesamt:
E: 41 g, F: 103 g, Kh: 238 g, kJ: 8627, kcal: 2060

1 Zum Vorbereiten Kuvertüre in kleine Stücke hacken, mit Butter in einem kleinen Topf im Wasserbad bei schwacher Hitze zu einer geschmeidigen Masse verrühren. Amarettini in einen Gefrierbeutel geben, Beutel verschließen. Amarettini mit einer Teigrolle fein zerbröseln.

2 Für den Teig Eier und Wasser mit Handrührgerät mit Rührbesen auf höchster Stufe in 1 Minute schaumig schlagen. Zucker mit Vanillin-Zucker und Salz mischen, in 1 Minute einstreuen, dann noch etwa 2 Minuten schlagen.

3 Mehl mit Speisestärke und Backpulver mischen, auf die Eiercreme sieben und kurz auf niedrigster Stufe unterrühren. Aufgelöste Kuvertüre unterrühren. Amarettinibrösel unter den Teig heben.

4 Den Teig in eine Gugelhupfform (Ø 16 cm, gefettet, gemehlt) geben und glatt streichen. Die Form auf dem Rost in den Backofen schieben.

Ober-/Unterhitze: etwa 180 °C (vorgeheizt)
Heißluft: etwa 160 °C (nicht vorgeheizt)
Gas: Stufe 2–3 (nicht vorgeheizt)
Backzeit: etwa 45 Minuten.

5 Den Gugelhupf etwa 10 Minuten in der Form stehen lassen, dann auf einen mit Backpapier belegten Kuchenrost stürzen. Gugelhupf erkalten lassen.

6 Zum Tränken Kaffee mit Kaffeelikör verrühren, den Kuchen damit tränken.

7 Für den Guss Kuvertüre in kleine Stücke hacken, in einem kleinen Topf im Wasserbad bei schwacher Hitze zu einer geschmeidigen Masse verrühren. Die Kuchenoberfläche mit der Kuvertüre überziehen und den Guss als Tropfen herunterlaufen lassen. Den Guss mit zerkleinerten Amarettini bestreuen. Guss fest werden lassen.

Tipp: Für eine Gugelhupfform (Ø 22 cm) die Rezeptzutaten verdoppeln.

Panettone gefüllt mit dreierlei Creme

Klassisch

Für den Teig:
500 g Weizenmehl
1 Pck. (42 g) frische Hefe
175 ml lauwarme Milch
80 g Zucker, 5 Eigelb (Größe M), 1 Prise Salz
1 Pck. Vanillin-Zucker
125 g zerlassene abgekühlte Butter
abgeriebene Schale von 1 Bio-Orange (unbehandelt, ungewachst)

Für die Torroncino-Creme:
150 g weiße Schokolade
30 ml Schlagsahne
50 g fein gehacktes Nuss-Nougat

Für die Schokoladencreme:
200 g Zartbitterschokolade
100 ml Schlagsahne
1 EL lösliches Kaffeepulver

Für die Pistaziencreme:
100 g weiße Schokolade
50 ml Schlagsahne
60 g geschälte, fein gehackte Pistazienkerne
Puderzucker

Zubereitungszeit:
60 Minuten, ohne Teiggeh- und Kühlzeit, und etwa 45 Minuten Backzeit

Insgesamt:
E: 129 g, F: 391 g, Kh: 760 g, kJ: 29571, kcal: 7062

1 Für den Teig Mehl in eine Rührschüssel sieben. In die Mitte eine Vertiefung drücken. Hefe hineinbröckeln, etwas von dem Zucker und der Milch hinzufügen. Mit einer Gabel vorsichtig verrühren und etwa 10 Minuten gehen lassen. Eigelb, Salz, Vanillin-Zucker, Orangenschale, restlichen Zucker, restliche Milch und Butter hinzufügen. Die Zutaten mit Handrührgerät mit Knethaken auf höchster Stufe in etwa 5 Minuten zu einem Teig verarbeiten. Den Teig zugedeckt so lange an einem warmen Ort stehen lassen, bis er sich sichtbar vergrößert hat.

2 Den Teig aus der Schüssel nehmen, auf einer bemehlten Arbeitsfläche nochmals kurz durchkneten, zu einer Kugel formen. Teigkugel in eine hohe runde Form (Ø 24 cm, Höhe etwa 10 cm, gefettet, evtl. eine Springform so mit Backpapier auskleiden, dass ein hoher Rand entsteht) geben, nochmals zugedeckt so lange an einem warmen Ort gehen lassen, bis sie sich sichtbar vergrößert hat (bis zur Hälfte der Form). Die Form auf dem Rost in den Backofen schieben.

Ober-/Unterhitze: etwa 180 °C (vorgeheizt)
Heißluft: etwa 160 °C (nicht vorgeheizt)
Gas: Stufe 2–3 (nicht vorgeheizt)
Backzeit: etwa 45 Minuten. (Den Kuchen evtl. nach etwa 30 Minuten Backzeit mit Backpapier zudecken.)

3 Die Form auf einen Kuchenrost stellen. Brioche etwa 10 Minuten in der Form stehen lassen, dann aus der Form nehmen und auf einem Kuchenrost erkalten lassen.

4 Für die Torroncino-Creme weiße Schokolade in Stücke brechen, mit Sahne und Nougat in einem kleinen Topf im Wasserbad bei schwacher Hitze unter Rühren schmelzen. Die Masse in eine Rührschüssel geben und zugedeckt kalt stellen.

5 Für die Schokoladencreme Schokolade in Stücke brechen, mit Sahne und Kaffeepulver wie unter Punkt 4 beschrieben schmelzen und kalt stellen.

6 Für die Pistaziencreme weiße Schokolade in Stücke brechen, mit Sahne und Pistazienkernen ebenfalls wie unter Punkt 4 beschrieben schmelzen und kalt stellen.

(Fortsetzung Seite 80)

7 Brioche dreimal waagerecht durchschneiden. Den unteren Boden mit der Torroncino-Creme, den zweiten Boden mit der Schokoladencreme und den dritten Boden mit der Pistaziencreme bestreichen. Brioche wieder zu einem Kuchen zusammensetzen, den Deckel darauf legen und leicht andrücken. Mit Puderzucker bestäuben und sofort servieren.

Haselnusskuchen

Gut vorzubereiten

Zum Vorbereiten:
300 g gemahlene Haselnusskerne
2 EL gesiebtes Kakaopulver

Für den Teig:
200 g Butter
250 g brauner Zucker (Rohrzucker)
4 Eigelb (Größe M)
75 g gesiebtes Weizenmehl
4 Eiweiß (Größe M)

Zum Verzieren:
Puderzucker

Zubereitungszeit:
30 Minuten, ohne Abkühlzeit, und etwa 45 Minuten Backzeit

Insgesamt:
E: 76 g, F: 385 g, Kh: 328 g, kJ: 21145, kcal: 5051

1 Zum Vorbereiten Haselnusskerne auf ein Backblech geben und in dem vorgeheizten Backofen bei Ober-/Unterhitze: etwa 180° C, Heißluft: etwa 160° C, Gas: Stufe 2–3 etwa 10 Minuten unter mehrmaligem Wenden rösten. Haselnusskerne abkühlen lassen und mit Kakao vermengen.

2 Für den Teig Butter und Zucker in eine Rührschüssel geben, mit Handrührgerät mit Rührbesen auf höchster Stufe in etwa 6 Minuten schaumig rühren. Eigelb nach und nach unterrühren (jedes Eigelb knapp 1/2 Minute).

3 Mehl mit der Haselnussmischung vermengen und unter die Butter-Zucker-Ei-Mischung heben. Eiweiß sehr steif schlagen und vorsichtig unterheben. Den Teig in eine Springform (Ø 26 cm, Boden gefettet) geben und glatt streichen. Die Form auf dem Rost in den Backofen schieben.

Ober-/Unterhitze: etwa 180 °C (vorgeheizt)
Heißluft: etwa 160 °C (nicht vorgeheizt)
Gas: Stufe 2–3 (nicht vorgeheizt)
Backzeit: etwa 45 Minuten.

4 Den Kuchen aus der Form lösen und auf einen mit Backpapier belegten Kuchenrost stürzen. Kuchen erkalten lassen.

5 Zum Verzieren einen Kuchenrost auf die Kuchenoberfläche legen. Kuchenoberfläche mit Puderzucker bestäuben. Kuchenrost vorsichtig abnehmen.

Amarena-Schnittchen

Für Gäste

Für den Rührteig:
200 g Butter oder Margarine
150 g Zucker
1 Pck. Bourbon-Vanille-Zucker
1 Prise Salz
4 Eier (Größe M)
200 g Weizenmehl
3 EL Kakaopulver
2 gestr. TL Backpulver
2–3 EL Milch
50 g Raspelschokolade

Für den Belag:
500 g Mascarpone (italienischer Frischkäse)
250 g Speisequark (20 % Fett)
100 g Zucker
1 Pck. Bourbon-Vanille-Zucker
400 ml Schlagsahne
2 Pck. Sahnesteif
2 Gläser Amarena-Kirschen (Einwaage je 250 g)

Zum Verzieren:
50 g Zartbitterschokolade
1 TL Speiseöl

Zubereitungszeit:
30 Minuten, ohne Kühlzeit, und etwa 30 Minuten Backzeit

Insgesamt:
E: 129 g, F: 598 g, Kh: 701 g, kJ: 36710, kcal: 8718

1 Für den Teig Butter oder Margarine mit Handrührgerät mit Rührbesen auf höchster Stufe geschmeidig rühren. Nach und nach Zucker, Vanille-Zucker und Salz unterrühren. So lange rühren, bis eine gebundene Masse entstanden ist.

2 Eier nach und nach unterrühren (jedes Ei etwa 1/2 Minute). Mehl mit Kakao und Backpulver mischen, sieben, abwechselnd in 2 Portionen mit der Milch auf mittlerer Stufe unterrühren. Raspelschokolade unterheben.

3 Den Teig auf ein Backblech (30 x 40 cm, gefettet) geben und glatt streichen. Das Backblech in den Backofen schieben.

Ober-/Unterhitze: etwa 180 °C (vorgeheizt)
Heißluft: etwa 160 °C (vorgeheizt)
Gas: Stufe 2–3 (vorgeheizt)
Backzeit: etwa 30 Minuten.

4 Das Backblech auf einen Kuchenrost stellen. Den Gebäckboden erkalten lassen und einen Backrahmen darumstellen.

5 Für den Belag Mascarpone, Quark, Zucker und Vanille-Zucker mit Handrührgerät mit Rührbesen geschmeidig rühren. Sahne mit Sahnesteif steif schlagen und unterheben. Amarena-Kirschen in einem Sieb gut abtropfen lassen, den Saft dabei auffangen. Einige Kirschen zum Garnieren beiseite legen.

6 Den Gebäckboden mit dem aufgefangenen Amarenasaft beträufeln. Amarena-Kirschen darauf verteilen. Die Quark-Sahne-Creme darauf geben und glatt streichen. Kuchen kalt stellen.

7 Zum Verzieren Schokolade in kleine Stücke brechen, mit Speiseöl in einem kleinen Topf im Wasserbad bei schwacher Hitze zu einer geschmeidigen Masse verrühren, in einen Gefrierbeutel füllen und eine kleine Spitze abschneiden. Kuchenoberfläche mit der Schokolade besprenkeln und mit den beiseite gelegten Amarena-Kirschen garnieren. Schokolade fest werden lassen.

8 Den Backrahmen lösen und entfernen. Kuchen in etwa 20 Schnittchen schneiden.

Espresso-Likör-Schnittchen

Ohne Backen – Mit Alkohol

1 Wiener Boden, dunkel
(400 g, 3 Böden, Ø je 24 cm)

Zum Beträufeln:
6 EL Tia Lusso oder
Baileys (Creamlikör)
6 EL kalter Espresso

Für die Füllung:
250 g Mascarpone
(italienischer Frischkäse)
2 Pck. Bourbon-Vanille-Zucker
4 EL Tia Lusso oder
Baileys (Creamlikör)
250 ml (1/4 l) Schlagsahne
1 Pck. Sahnesteif

Zum Bestäuben:
2 TL Kakaopulver

30 g Schokoladen-
Mokkabohnen

Zubereitungszeit:
30 Minuten, ohne Kühlzeit

Insgesamt:
E: 48 g, F: 219 g, Kh: 371 g,
kJ: 16503, kcal: 3938

1 Aus den 3 Biskuitböden jeweils ein Quadrat (etwa 16 x 16 cm) ausschneiden. Aus den Biskuitresten mit einer Ausstechform Herzen ausstechen und beiseite legen. Einen Biskuitboden auf eine Kuchenplatte legen.

2 Zum Beträufeln Tia Lusso oder Baileys mit Espresso verrühren, den Biskuitboden mit einem Drittel der Likör-Espresso-Mischung beträufeln.

3 Für die Füllung Mascarpone mit Vanille-Zucker und Tia Lusso oder Baileys gut verrühren. Sahne mit Sahnesteif steif schlagen und unterheben.

4 Ein Drittel der Creme auf den beträufelten Biskuitboden geben und glatt streichen. Den zweiten Biskuitboden darauf legen, mit einem weiteren Drittel der Likör-Espresso-Mischung beträufeln und mit der restlichen Creme bestreichen. Den dritten Biskuitboden darauf legen, leicht andrücken, mit der restlichen Likör-Espresso-Mischung beträufeln und mit der restlichen Creme bestreichen. Kuchen kalt stellen und mindestens 2 Stunden durchziehen lassen.

5 Zum Bestäuben die Kuchenoberfläche nach Belieben mit einer Gitterschablone belegen und mit Kakao bestäuben. Die Schablone vorsichtig abheben. Den Kuchen mit Mokkabohnen und den beiseite gelegten Biskuitherzen garnieren. Den Kuchen in etwa 10 Schnitten schneiden.

Tipp: Wenn Sie keine Espressomaschine haben, können Sie den Espresso auch aus löslichem Pulver zubereiten oder durch starken Kaffee ersetzen.
Tia Lusso ist ein Kaffee-Sahnelikör mit Rum mit 17 Vol.-% Alkohol. Sie können auch einen anderen Creamlikör verwenden.
Statt des gekauften Wiener Bodens können Sie auch selbst einen Biskuitboden zubereiten. Dazu aus 3 Eiern (Größe M), 3 Esslöffeln heißem Wasser, 150 g Zucker, 1 Päckchen Vanillin-Zucker, 100 g Weizenmehl, 3 gestrichenen Teelöffeln Backpulver, 100 g Speisestärke und 1 Esslöffel gesiebtem Kakaopulver einen Biskuitboden wie auf Seite 76 beschrieben zubereiten.

Nektarinen-Mascarpone-Schnitten

Fruchtig – Für Gäste

1 Pck. (450 g) TK-Blätterteig

Zum Bestreichen:
1 Ei

Für die Füllung:
200 g Mascarpone (italienischer Frischkäse)
1 EL Zucker
1 Pck. Vanillin-Zucker
1 EL Orangenmarmelade
200 ml Schlagsahne
1 Pck. Sahnesteif

Für den Belag:
500 g frische Nektarinen
2 EL Orangenmarmelade
1 EL gehackte Pistazienkerne

Zubereitungszeit:
30 Minuten, ohne Auftau- und Abkühlzeit, und etwa 15 Minuten Backzeit je Backblech

Insgesamt:
E: 53 g, F: 265 g, Kh: 330 g, kJ: 16533, kcal: 3946

1 Blätterteigplatten zugedeckt nebeneinander bei Zimmertemperatur auftauen lassen. Jede Platte auf einer leicht bemehlten Arbeitsfläche zu einem Quadrat (etwa 12 x 12 cm) ausrollen. Teigkanten evtl. gerade schneiden.

2 Die Teigquadrate parallel zu den Rändern etwa 1 cm einschneiden, dabei jedoch zwei gegenüberliegende Ecken nicht durchschneiden. Die eingeschnittenen Teigränder diagonal über das Teigstück schlagen, so dass ein doppelter Rand mit zwei Schlaufen an den gegenüberliegenden Ecken entsteht. Diesen Teigrand dünn mit verschlagenem Ei bestreichen.

3 Die Teigrauten auf Backbleche (mit Backpapier belegt) legen und mehrmals mit einer Gabel einstechen. Die Backbleche nacheinander (bei Heißluft zusammen) in den Backofen schieben.

Ober-/Unterhitze: etwa 200 °C (vorgeheizt)
Heißluft: etwa 180 °C (vorgeheizt)
Gas: Stufe 3–4 (vorgeheizt)
Backzeit: etwa 15 Minuten je Backblech.

4 Das Gebäck mit dem Backpapier von den Backblechen auf Kuchenroste ziehen. Gebäck erkalten lassen.

5 Für die Füllung Mascarpone mit Zucker, Vanillin-Zucker und durch ein Sieb gestrichener Marmelade gut verrühren. Sahne mit Sahnesteif steif schlagen und unter die Mascarpone-Masse heben. Die Mascarpone-Creme mit Hilfe eines Löffels in die Gebäckstücke geben.

6 Für den Belag Nektarinen waschen, trockentupfen, vierteln und entsteinen. Die Nektarinenviertel fächerförmig einschneiden und auf das Gebäck legen.

7 Marmelade durch ein Sieb streichen, in einem kleinen Topf unter Rühren erwärmen. Die Nektarinenviertel damit bestreichen und mit Pistazienkernen bestreuen.

Pflaumen-Mascarpone-Schnitten

Einfach – Für Gäste

300 g (4 Platten)
TK-Blätterteig

Zum Bestreichen:
1 EL Schlagsahne
oder Kondensmilch
1 Eigelb

Für den Belag:
400 g frische Pflaumen
2 EL Zucker
1 Pck. Vanillin-Zucker

Für die Füllung:
250 g Mascarpone
(italienischer Frischkäse)
2 EL Zitronensaft
2 EL Zucker
1/2 gestr. TL gemahlener Zimt

Für den Guss:
1 Pck. Tortenguss, rot
250 ml (1/4 l) Pflaumensaft

Zubereitungszeit:
60 Minuten, ohne Auftau- und Abkühlzeit, und etwa 20 Minuten Backzeit

Insgesamt:
E: 34 g, F: 185 g, Kh: 243 g, kJ: 11768, kcal: 2809

1 Blätterteigplatten zugedeckt nebeneinander bei Zimmertemperatur auftauen lassen.

2 Teigplatten wieder aufeinander legen und auf einer bemehlten Arbeitsfläche zu einem Rechteck (etwa 25 x 30 cm) ausrollen. Die Längsseiten etwa 4 cm zur Mitte hin umklappen und mit einer Schere mehrmals quer einschneiden.

3 Den Teig auf ein Backblech (gefettet, mit Backpapier belegt) legen.

4 Zum Bestreichen Sahne oder Kondensmilch mit Eigelb verschlagen. Die eingeschnittenen Teigseiten damit bestreichen. Das Backblech in den Backofen schieben.

Ober-/Unterhitze: etwa 200 °C (vorgeheizt)
Heißluft: etwa 180 °C (vorgeheizt)
Gas: Stufe 3–4 (vorgeheizt)
Backzeit: etwa 20 Minuten.

5 Das Gebäck vom Backblech lösen und auf einem Kuchenrost erkalten lassen.

6 Für den Belag Pflaumen waschen, trockentupfen, entsteinen und vierteln. Pflaumenviertel in einem Topf mit Zucker und Vanillin-Zucker etwa 5 Minuten unter Rühren kochen. Pflaumenmasse erkalten lassen.

7 Für die Füllung Mascarpone mit Zitronensaft, Zucker und Zimt verrühren. Das Gebäck mit der Mascarpone-Masse füllen und glatt streichen.

8 Die Pflaumenmasse in einem Sieb abtropfen lassen, den Saft dabei auffangen und 250 ml (1/4 l) abmessen, evtl. mit Wasser ergänzen. Die Pflaumenmasse auf die Mascarponefüllung geben.

9 Für den Guss aus Tortengusspulver und Pflaumensaft nach Packungsanleitung (aber ohne Zucker) einen Guss zubereiten. Den Guss mit Hilfe eines Pinsels auf die Pflaumenmasse streichen. Guss fest werden lassen. Kuchen in Schnitten schneiden.

Mini-Mascarpone-Röllchen

Raffiniert

Für den Biskuitteig:

3 Eier (Größe M)
1 Eigelb (Größe M)
75 g Zucker
75 g Weizenmehl
15 g Speisestärke
1/2 gestr. TL Backpulver
1 gestr. TL Kakaopulver

Für die Füllung:

250 g Mascarpone (italienischer Frischkäse)
1 EL gesiebter Puderzucker
2 Becher (je 150 g) Knusper Joghurt Vanille-Geschmack mit Schokoballs (von Müller)
1 Pck. Finesse Bourbon-Vanille-Aroma
1 Pck. Sahnesteif

Zum Verzieren:

100 ml Schlagsahne

Zubereitungszeit:

35 Minuten, ohne Kühlzeit, und 8–10 Minuten Backzeit

Insgesamt:

E: 60 g, F: 178 g, Kh: 257 g, kJ: 12192, kcal: 2907

1 Für den Teig Eier und Eigelb mit Handrührgerät mit Rührbesen auf höchster Stufe in 1 Minute schaumig schlagen. Zucker in 1 Minute einstreuen, dann noch etwa 2 Minuten schlagen.

2 Mehl mit Speisestärke und Backpulver mischen, auf die Eiercreme sieben und kurz auf niedrigster Stufe unterrühren. 3–4 Esslöffel des Teiges abnehmen, restlichen Teig auf ein Backblech (30 x 40 cm, gefettet, mit Backpapier belegt) geben und glatt streichen.

3 Abgenommenen Teig mit Kakao verrühren, in einen Gefrierbeutel geben und eine kleine Ecke abschneiden. Den dunklen Teig als kleine Punkte tief in den hellen Teig spritzen. Das Backblech in den Backofen schieben.

Ober-/Unterhitze: etwa 200 °C (vorgeheizt)
Heißluft: etwa 180 °C (vorgeheizt)
Gas: Stufe 3–4 (vorgeheizt)
Backzeit: 8–10 Minuten.

4 Das Backblech auf einen Kuchenrost stellen. Den Gebäckrand mit einem Messer vom Backblech lösen und die Biskuitplatte auf ein mit Zucker bestreutes Backpapier stürzen. Mitgebackenes Backpapier abziehen Biskuitplatte erkalten lassen.

5 Für die Füllung Mascarpone mit Puderzucker, Joghurt (Schokoballs beiseite stellen), Aroma und Sahnesteif gut verrühren. Etwa zwei Drittel der Schokoballs unterheben. Die Creme auf die Biskuitplatte geben, glatt streichen und die Biskuitplatte längs halbieren. Die Biskuithälften jeweils von der längeren Seite her aufrollen. Die Biskuitrollen etwa 30 Minuten kalt stellen.

6 Zum Verzieren Sahne steif schlagen, in einen kleinen Gefrierbeutel geben und eine kleine Ecke abschneiden. Punkte auf die Rolle spritzen und diese mit den restlichen Schokoballs bestreuen. Zum Servieren jede Rolle in 5–6 Röllchen schneiden.

Tipp: Die Mini-Mascarpone-Röllchen schmecken frisch am besten.

Zwetschenkuchen mit Amarettini-Kruste

Klassisch

Zum Vorbereiten für den Belag:

1,5–1,75 kg Zwetschen

Für den Quark-Öl-Teig:

300 g Weizenmehl
3 gestr. TL Backpulver
150 g Magerquark
6 EL Magermilch
5 EL Sonnenblumenöl
75 g Zucker
1 Pck. Vanillin-Zucker
1 Pck. Finesse Orangenfrucht
1 Prise Salz

Zum Bestreuen:

1 Pck. (100 g) Amarettini (italienisches Mandelgebäck)
1 Pck. Vanillin-Zucker

Zubereitungszeit:

70 Minuten und etwa 30 Minuten Backzeit

Insgesamt:

E: 71 g, F: 66 g, Kh: 545 g, kJ: 13094, kcal: 3127

1 Zum Vorbereiten Zwetschen waschen, gut abtropfen lassen und entsteinen. Zwetschen ein- aber nicht durchschneiden.

2 Für den Teig Mehl mit Backpulver mischen, in eine Rührschüssel sieben. Quark, Milch, Sonnenblumenöl, Zucker, Vanillin-Zucker, Orangenfrucht und Salz hinzufügen. Die Zutaten mit Handrührgerät mit Knethaken zunächst kurz auf niedrigster, dann auf höchster Stufe in etwa 1 Minute zu einem Teig verarbeiten (nicht zu lange, Teig klebt sonst).

3 Anschließend auf einer bemehlten Arbeitsfläche zu einer Rolle formen. Die Teigrolle in einer Fettfangschale oder auf einem Backblech (30 x 40 cm, gefettet) ausrollen. Zwetschen dicht an dicht, dachziegelartig auf den Teig legen.

4 Zum Bestreuen Amarettini in einen Gefrierbeutel geben, Beutel verschließen. Amarettini mit einer Teigrolle fein zerbröseln. Amarettinibrösel mit Vanillin-Zucker mischen und auf die Zwetschen streuen. Die Fettfangschale oder das Backblech in den Backofen schieben.

Ober-/Unterhitze: etwa 180 °C (vorgeheizt)
Heißluft: etwa 160 °C (vorgeheizt)
Gas: Stufe 2–3 (vorgeheizt)
Backzeit: etwa 30 Minuten.

5 Die Fettfangschale oder das Backblech auf einen Kuchenrost stellen. Den Kuchen erkalten lassen und in Stücke schneiden.

Ricotta-Joghurt-Frucht-Strudel

Raffiniert

Zum Vorbereiten:
50 g Rosinen
200 g gemischte, gewürfelte, kandierte Früchte
100 ml Orangensaft
50 g abgezogene, gehobelte Mandeln
100 g Butter

Für den Strudel:
250 g Ricotta (italienischer Frischkäse)
150 g Magermilchjoghurt
1 gestr. TL gemahlener Zimt
1/2 TL Finesse Orangenfrucht
1 Pck. Yufkateig-Blätter (5–6 Strudelteigblätter; aus türkischen Lebensmittelläden)
40 g Semmelbrösel

Zubereitungszeit:
90 Minuten, ohne Durchzieh- und Abkühlzeit, und 35–40 Minuten Backzeit

Insgesamt:
E: 69 g, F: 159 g, Kh: 366 g, kJ: 13415, kcal: 3203

1 Zum Vorbereiten Rosinen mit den kandierten Fruchtwürfeln und Orangensaft mischen, etwa 10 Minuten durchziehen lassen. Mandeln in einer Pfanne ohne Fett goldbraun rösten, auf einem Teller abkühlen lassen. Butter zerlassen und abkühlen lassen.

2 Für den Strudel Ricotta mit Joghurt, Zimt und Orangenfrucht verrühren.

3 Teigblätter aufeinander gestapelt auf ein Backblech (mit Backpapier belegt) legen. Das obere Teigblatt dünn mit Butter bestreichen und mit Semmelbröseln bestreuen, dabei einen etwa 2 cm breiten Rand frei lassen. Ricotta-Joghurt-Masse mit Mandeln und eingeweichten Früchten mischen, auf den Semmelbröseln verteilen.

4 Das obere Blatt mit der Ricottamasse von der Längsseite her bis zum gegenüberliegenden Stapelende einrollen. Darunter liegendes Teigblatt dünn mit Butter bestreichen. Rolle mit dem bestrichenen Teigblatt an das andere Stapelende rollen. Wieder das darunter liegende Teigblatt mit Butter bestreichen und die Rolle damit wieder an das gegenüberliegende Teigende rollen, etwas andrücken. Restliche Teigblätter auf die gleiche Weise einstreichen und einrollen. Die Rolle mit der restlichen Butter bestreichen. Das Backblech in den Backofen schieben.

Ober-/Unterhitze: 200 °C (vorgeheizt)
Heißluft: etwa 180 °C (nicht vorgeheizt)
Gas: Stufe 3–4 (nicht vorgeheizt)
Backzeit: 35–40 Minuten.

5 Das Backblech auf einen Kuchenrost stellen, Strudel etwas abkühlen lassen, vom Backblech nehmen und lauwarm servieren.

Weihnachtsglocke mit Füllung

Mit Alkohol

Für den Knetteig:

300 g Weizenmehl
1 Msp. Backpulver
80 g Zucker
1 Pck. Vanillin-Zucker
1 Prise Salz
1 Ei (Größe M)
200 g Butter oder Margarine

Für den Brandteig:

175 ml Wasser
etwas Salz
40 g Butter oder Margarine
100 g Weizenmehl
1 EL Speisestärke
3 Eier (Größe M)
1/2 gestr. TL Backpulver

Für die Füllung:

1 Dose Mandarinen (Abtropfgewicht 175 g)
6 Blatt weiße Gelatine
500 g Mascarpone (italienischer Frischkäse)
150 g Naturjoghurt
2 EL Amaretto (italienischer Mandellikör)
1 TL gemahlener Zimt
100 g Zucker
1 Pck. Vanillin-Zucker
30 g Amarettini (italienisches Mandelgebäck)

Zubereitungszeit:

75 Minuten, ohne Kühlzeit, und etwa 35 Minuten Backzeit

Insgesamt:

E: 114 g, F: 446 g, Kh: 615 g, kJ: 29466, kcal: 7032

1 Für den Knetteig Mehl mit Backpulver mischen und in eine Rührschüssel sieben. Restliche Zutaten hinzufügen und mit Handrührgerät mit Knethaken zunächst kurz auf niedrigster, dann auf höchster Stufe gut durcharbeiten. Anschließend auf einer bemehlten Arbeitsfläche zu einem glatten Teig verkneten. Sollte er kleben, ihn in Folie gewickelt eine Zeit lang kalt stellen.

2 Für den Brandteig Wasser mit Salz und Butter oder Margarine am besten in einem Stieltopf zum Kochen bringen. Mehl mit Speisestärke mischen, sieben, auf einmal in die von der Kochstelle genommene Flüssigkeit schütten, zu einem glatten Kloß rühren und unter Rühren etwa 1 Minute erhitzen. Den heißen Kloß sofort in eine Rührschüssel geben. Nach und nach Eier mit Handrührgerät mit Knethaken auf höchster Stufe unterarbeiten. Backpulver in den erkalteten Teig arbeiten.

3 Den Knetteig auf einer bemehlten Arbeitsfläche zu einem Quadrat (etwa 30 x 30 cm) ausrollen. Mit einem scharfen Messer eine Glocke ausschneiden (restlichen Teig beiseite legen) und auf ein Backblech (gefettet, mit Backpapier belegt) legen. Den Teigboden mehrmals mit einer Gabel einstechen. Den Brandteig in einen Spritzbeutel mit großer Sterntülle (Ø 12 mm) füllen. Eine Umrandung auf die ausgeschnittene Teigglocke spritzen. Das Backblech in den Backofen schieben.

Ober-/Unterhitze: etwa 200 °C (vorgeheizt)
Heißluft: etwa 180 °C (vorgeheizt)
Gas: Stufe 3–4 (vorgeheizt)
Backzeit: etwa 25 Minuten.

4 Die Gebäckglocke mit dem Backpapier vom Backblech auf einen Kuchenrost ziehen. Glocke erkalten lassen.

5 Restlichen Knetteig auf der bemehlten Arbeitsfläche dünn ausrollen, weihnachtliche Motive (Sterne, Monde, Glocken) ausstechen, auf ein Backblech (gefettet, mit Backpapier belegt) legen und in den Backofen schieben. Das Gebäck **bei der angegebenen Backofeneinstellung in etwa 10 Minuten** fertig backen.

6 Das Gebäck mit dem Backpapier vom Backblech auf einen Kuchenrost ziehen. Gebäck erkalten lassen. *(Fortsetzung Seite 98)*

7 Für die Füllung Mandarinen gut abtropfen lassen, Saft dabei auffangen. Gelatine in kaltem Wasser nach Packungsanleitung einweichen, leicht ausdrücken, in einem Topf unter Rühren erwärmen (nicht kochen), bis sie völlig gelöst ist, abkühlen lassen.

8 Mascarpone, Joghurt, Amaretto, Zimt, Zucker, Vanillin-Zucker und den aufgefangenen Mandarinensaft geschmeidig rühren. Aufgelöste Gelatine mit 3 Esslöffeln der Mascarponecreme verrühren, dann mit der restlichen Mascarponecreme verrühren, kalt stellen. Wenn die Mascarponecreme anfängt dicklich zu werden, Mandarinen und Amarettini unterheben. Glocke mit der Creme füllen, glatt streichen, mit den Gebäckmotiven garnieren.

Cantuccini

Klassisch – Mit Alkohol – Vorwortfoto Seite 5

Für den Knetteig:

500 g Weizenmehl
1 gestr. TL Backpulver
250 g Zucker
3 Eier (Größe M)
1 Pck. Finesse Geriebene Zitronenschale
1 Pck. Finesse Orangenfrucht
2 EL Orangensaft
2 EL Vin Santo oder Cream Sherry
etwa 25 g Anissamen
1 Prise Salz, 50 g weiche Butter, 1 EL Schweineschmalz
200 g nicht abgezogene, ganze Mandeln

Zubereitungszeit:

50 Minuten und etwa 50 Minuten Backzeit

Insgesamt:

E: 118 g, F: 197g, Kh: 642 g, kJ: 20132, kcal: 4807

1 Für den Teig Mehl mit Backpulver mischen, in eine Rührschüssel sieben. Restliche Zutaten hinzufügen und mit Handrührgerät mit Knethaken zunächst kurz auf niedrigster, dann auf höchster Stufe gut durcharbeiten. Anschließend auf einer bemehlten Arbeitsfläche zu einem glatten Teig verkneten, Mandeln unterkneten. Den Teig in Folie gewickelt kalt stellen.

2 Aus dem Teig fünf gleich große Rollen formen und nebeneinander auf ein Backblech (mit Backpapier belegt) legen. Das Backblech in den Backofen schieben.

Ober-/Unterhitze: etwa 180 °C (vorgeheizt)
Heißluft: etwa 160 °C (vorgeheizt)
Gas: Stufe 2–3 (vorgeheizt)
Backzeit: etwa 30 Minuten.

3 Die Gebäckrollen vom Backblech nehmen und sofort schräg in etwa gut 1 cm breite Scheiben schneiden. Gebäckscheiben nochmals auf das Backblech (mit Backpapier belegt) legen und in den Backofen schieben, damit sie kross werden.

Ober-/Unterhitze: 160–180 °C (vorgeheizt)
Heißluft: 140–160 °C (vorgeheizt)
Gas: etwa Stufe 2 (vorgeheizt)
Backzeit: etwa 20 Minuten.

Amarettini-Waffeln

Für Gäste

Für den Rührteig:
150 g Amarettini (italienisches Mandelgebäck)
2 TL (4 g) Instant-Kaffeepulver
125 ml (1/8 l) heißes Wasser
100 g Butter oder Margarine
50 g Zucker
1 Pck. Bourbon-Vanille-Zucker
3 Eier (Größe M)
150 g Weizenmehl

Zum Bestreuen:
40 g Hagelzucker

Zubereitungszeit:
etwa 40 Minuten, ohne Abkühlzeit

Insgesamt:
E: 48 g, F: 108 g, Kh: 334 g, kJ: 10472, kcal: 2493

1 Für den Teig Amarettini in einen großen Gefrierbeutel geben, Beutel fest verschließen. Amarettini mit einer Teigrolle zerbröseln. Kaffeepulver in Wasser unter Rühren auflösen, abkühlen lassen.

2 Butter oder Margarine mit Handrührgerät mit Rührbesen auf höchster Stufe geschmeidig rühren. Nach und nach Zucker und Vanille-Zucker unterrühren. So lange rühren, bis eine gebundene Masse entstanden ist.

3 Eier nach und nach unterrühren (jedes Ei etwa 1/2 Minute). Mehl sieben, abwechselnd mit den Amarettini-Bröseln und dem Kaffee in 2 Portionen kurz auf mittlerer Stufe unterrühren.

4 Waffeleisen erhitzen und evtl. leicht fetten. Je Waffel etwas Hagelzucker in das Waffeleisen streuen, 2–3 Esslöffel Teig darauf geben und etwas verteilen. Die Waffeln goldbraun backen, herausnehmen und auf einem Kuchenrost erkalten lassen.

Beilage: Cappuccino oder Latte Macchiato.

Pinienkern-Makronen

Einfach

Für den Teig:
5 Eiweiß (Größe M)
150 g Zucker
50 g gesiebter Puderzucker
1 Vanillesschote oder
1 Pck. Bourbon-Vanille-Zucker
1 gestr. TL gemahlener Zimt
50 g gesiebte Speisestärke
150 g abgezogene, gehackte Mandeln

etwa 150 g Pinienkerne

Zubereitungszeit:
50 Minuten und
25–30 Minuten Backzeit

Insgesamt:
E: 84 g, F: 158 g, Kh: 263 g,
kJ: 11663, kcal: 2786

1 Für den Teig Eiweiß in einer Schüssel im Wasserbad erhitzen, dabei das Eiweiß mit Handrührgerät mit Rührbesen auf höchster Stufe fast steif schlagen. Nach und nach Zucker unterschlagen und die Eischneemasse noch etwa 1 Minute weiterschlagen.

2 Anschließend die Schüssel mit der Eischneemasse in kaltes Wasser setzen und mit einem Schneebesen kalt schlagen. Puderzucker unterschlagen.

3 Vanillestange längs aufschneiden, Vanillemark herauskratzen, mit Zimt, Speisestärke und Mandeln mischen und unter die Eischneemasse rühren.

4 Die Masse in einen Spritzbeutel ohne Tülle füllen und walnussgroße Tuffs auf ein Backblech (gefettet, mit Backpapier belegt) spritzen. Die Tuffs mit Pinienkernen bestreuen (je Tuff etwa 8 Pinienkerne). Das Backblech in den Backofen schieben.

Ober-/Unterhitze: etwa 160 °C (vorgeheizt)
Heißluft: etwa 140 °C (vorgeheizt)
Gas: Stufe 1–2 (vorgeheizt)
Backzeit: 25–30 Minuten.

5 Die Makronen mit dem Backpapier vom Backblech auf einen Kuchenrost ziehen und erkalten lassen.

6 Die Makronen vom Backpapier lösen und in einer gut schließenden Dose aufbewahren.

Espresso-Likör-Muffins

Mit Alkohol

Für den All-in-Teig:
250 g Weizenmehl
2 gestr. TL Backpulver
125 g Kandisfarin (brauner Zucker)
1 Pck. Bourbon-Vanille-Zucker
2 Eier (Größe M)
75 ml Espresso
75 ml Spiritual oder Kahlúa (Kaffeelikör)
50 ml Speiseöl

Für den Guss:
125 g gesiebter Puderzucker
etwa 2 EL Spiritual oder Kahlúa (Kaffeelikör)

Zum Garnieren:
einige Mokkabohnen

Zubereitungszeit:
25 Minuten, ohne Abkühlzeit, und etwa 30 Minuten Backzeit

Insgesamt:
E: 43 g, F: 75 g, Kh: 480 g, kJ: 12168, kcal: 2906

1 Für den Teig Mehl mit Backpulver mischen und in eine Rührschüssel sieben. Kandisfarin, Vanille-Zucker, Eier, Espresso, Kaffeelikör und Speiseöl hinzufügen. Die Zutaten mit Handrührgerät mit Rührbesen zunächst kurz auf niedrigster, dann auf höchster Stufe in etwa 2 Minuten zu einem Teig verarbeiten.

2 Den Teig in eine Muffinform (für 12 Muffins, gefettet, gemehlt) geben und glatt streichen. Die Form auf dem Rost in den Backofen schieben.

Ober-/Unterhitze: etwa 180 °C (vorgeheizt)
Heißluft: etwa 160 °C (vorgeheizt)
Gas: Stufe 2–3 (vorgeheizt)
Backzeit: etwa 30 Minuten.

3 Die Muffins etwa 10 Minuten in der Form stehen lassen, dann aus der Form lösen und auf einem Kuchenrost erkalten lassen.

4 Für den Guss Puderzucker mit Kaffeelikör verrühren, so dass eine dickflüssige Masse entsteht. Muffins damit dick bestreichen und mit Mokkabohnen garnieren. Guss fest werden lassen.

Tipp: Statt Kaffeelikör kann auch Schokosirup verwendet werden. Die Muffins werden dann etwas dunkler. Für den Guss dann je 1 Esslöffel Schokosirup und heißes Wasser verwenden.

Süße Teigtaschen

Mit Alkohol

Zum Vorbereiten:
100 g Rosinen
2 EL Marsala-Wein

Für den Teig:
250 g Weizenmehl
1 EL Zucker
125 ml (1/8 l) Speiseöl
125 ml (1/8 l) Marsala-Wein
1 Pck. Finesse Orangenfrucht
1/4 TL gemahlener Zimt
evtl. 25 g Weizenmehl

Für die Füllung:
60 g Zartbitterschokolade
60 g gehackte Walnusskerne
1 Pck. Finesse Geriebene Zitronenschale
2 EL flüssiger Honig

Zum Bestäuben:
etwa 125 g Puderzucker

Zubereitungszeit:
65 Minuten, ohne Durchzieh- und Ruhezeit, und 20–25 Minuten Backzeit

Insgesamt:
E: 43 g, F: 184 g, Kh: 468 g, kJ: 15920, kcal: 3801

1 Zum Vorbereiten Rosinen in eine kleine Schüssel geben, mit dem Marsala-Wein beträufeln und etwa 3 Stunden durchziehen lassen.

2 Für den Teig Mehl in eine Rührschüssel sieben, mit Zucker mischen und mit dem Speiseöl verkneten. Marsala-Wein erhitzen (nicht kochen), mit Orangenfrucht und Zimt zur Mehlmasse geben. Die Zutaten mit Handrührgerät mit Knethaken zunächst kurz auf niedrigster, dann auf höchster Stufe zu einem glatten elastischen Teig verarbeiten, evtl. noch etwas Mehl hinzufügen. Den Teig in Folie gewickelt etwa 30 Minuten ruhen lassen.

3 Für die Füllung Schokolade in kleine Stücke schneiden. Rosinen in einem Sieb abtropfen lassen und in eine Schüssel geben. Schokoladen-, Walnusskernstücke, Zitronenschale und Honig hinzufügen. Die Zutaten gut vermengen.

4 Den Teig auf einer leicht bemehlten Arbeitsfläche etwa 3 mm dick ausrollen und runde Platten (Ø etwa 10 cm) ausstechen oder -schneiden. Die Füllung auf den Teigplatten verteilen, dabei am Rand etwa 2 cm frei lassen. Teigränder mit Wasser bestreichen. Teigplatten zusammenklappen und die Teigränder vorsichtig zusammendrücken.

5 Teigtaschen auf ein Backblech (mit Backpapier belegt) legen. Das Backblech in den Backofen schieben.

Ober-/Unterhitze: etwa 180 °C (vorgeheizt)
Heißluft: etwa 160 °C (vorgeheizt)
Gas: Stufe 2–3 (vorgeheizt)
Backzeit: 20–25 Minuten.

6 Das Gebäck mit dem Backpapier vom Backblech auf einen Kuchenrost ziehen. Gebäck erkalten lassen. Vor dem Servieren dick mit Puderzucker bestäuben.

Amaretto-Muffins

Raffiniert – Mit Alkohol

Zum Vorbereiten:
2 mittelgroße säuerliche Äpfel (z. B. Boskop)
2 EL Zitronensaft
75 g Backpflaumen
2 EL Orangensaft
3 EL Amaretto (italienischer Mandellikör)

Für den Rührteig:
75 g Joghurtbutter
100 g Zucker
1 Pck. Vanillin-Zucker
6 Tropfen Bittermandel-Aroma
1/2 TL gemahlener Zimt
3 Eigelb (Größe M)
175 g Weizenmehl
3 gestr. TL Backpulver
3 Eiweiß (Größe M)

Semmelbrösel

Zum Bestäuben:
1 EL Puderzucker

Zubereitungszeit:
40 Minuten und 30–35 Minuten Backzeit

Insgesamt:
E: 45 g, F: 79 g, Kh: 333 g, kJ: 9635, kcal: 2310

1 Zum Vorbereiten Äpfel schälen, halbieren und entkernen. Apfelhälften in etwa 12 gleich große Stücke schneiden. Mit Zitronensaft beträufeln. Backpflaumen, Orangensaft und Amaretto in einen hohen Rührbecher geben und mit einem Mixstab fein pürieren.

2 Für den Teig Butter mit Handrührgerät mit Rührbesen auf höchster Stufe geschmeidig rühren. Nach und nach Zucker, Vanillin-Zucker, Aroma und Zimt unterrühren. So lange rühren, bis eine gebundene Masse entstanden ist.

3 Eigelb nach und nach unterrühren (jedes Eigelb knapp 1/2 Minute). Pflaumenpüree unterrühren. Mehl mit Backpulver mischen, sieben, in 2 Portionen kurz auf mittlerer Stufe unterrühren. Eiweiß steif schlagen und vorsichtig unterheben.

4 Jeweils 1 Esslöffel Teig in je 1 Förmchen einer Muffinform (für 12 Muffins, gefettet, mit Semmelbröseln ausgestreut) geben. Jeweils ein Apfelstück darauf geben. Den restlichen Teig darauf verteilen. Die Form auf dem Rost in den Backofen schieben.

Ober-/Unterhitze: etwa 180 °C (vorgeheizt)
Heißluft: etwa 160 °C (nicht vorgeheizt)
Gas: Stufe 2–3 (nicht vorgeheizt)
Backzeit: 30–35 Minuten.

5 Die Muffins etwa 10 Minuten in der Form stehen lassen, dann aus der Form lösen und auf einem Kuchenrost erkalten lassen. Muffins mit Puderzucker bestäuben.

Mandelplätzchen

Klassisch

Für den Teig:
4 Eiweiß (Größe M)
200 g feiner Zucker
1 EL Zitronensaft
1 1/2 TL Finesse Geriebene Zitronenschale
250 g abgezogene gehobelte Mandeln

Zum Bestreuen:
25 g abgezogene, gehobelte Mandeln

Zubereitungszeit:
25 Minuten und etwa 25 Minuten Backzeit je Backblech

Insgesamt:
E: 67 g, F: 149 g, Kh: 214 g, kJ: 10248, kcal: 2447

1 Für den Teig Eiweiß mit Handrührgerät mit Rührbesen auf höchster Stufe steif schlagen, der Schnee muss so fest sein, dass ein Messerschnitt sichtbar bleibt, nach und nach Zucker unterschlagen. Zitronensaft und -schale nach und nach kurz unterschlagen. Mandeln vorsichtig unterheben.

2 Von dem Teig mit 2 Teelöffeln Häufchen mit Abstand auf Backbleche (mit Backpapier belegt) setzen. Teighäufchen mit Mandeln bestreuen. Die Backbleche nacheinander (bei Heißluft zusammen) in den Backofen schieben.

Ober-/Unterhitze: etwa 140 °C (vorgeheizt)
Heißluft: etwa 120 °C (vorgeheizt)
Gas: Stufe 1 (vorgeheizt)
Backzeit: etwa 25 Minuten je Backblech.

3 Die Plätzchen mit dem Backpapier von den Backblechen auf Kuchenroste ziehen. Plätzchen erkalten lassen.

Tipp: Die Mandelplätzchen behalten ihre äußere Knusprigkeit in gut schließenden Dosen.

Maisplätzchen

Einfach

Für den Teig:
300 g Weizenmehl
75 g Maismehl (Polenta)
200 g Zucker
1 EL abgeriebene Zitronenschale von 1 Bio-Zitrone (unbehandelt, ungewachst)
2 Eigelb (Größe M)
300 g Butter

Zubereitungszeit:
75 Minuten, ohne Kühlzeit, und etwa 10 Minuten Backzeit je Backblech

Insgesamt:
E: 48 g, F: 268 g, Kh: 475 g, kJ: 18815, kcal: 4494

1 Für den Teig Weizenmehl mit Maismehl mischen und in eine Rührschüssel sieben. Zucker, Zitronenschale, Eigelb und Butter hinzufügen. Die Zutaten mit Handrührgerät mit Knethaken zunächst kurz auf niedrigster, dann auf höchster Stufe gut durcharbeiten.

2 Anschließend auf einer bemehlten Arbeitsfläche zu einem glatten Teig verkneten. Den Teig in Folie gewickelt etwa 1 Stunde kalt stellen.

3 Den Teig auf einer bemehlten Arbeitsfläche etwa 1 1/2 cm dick ausrollen und mit einer runden Ausstechform (Ø etwa 4 cm) Plätzchen ausstechen. Teigplätzchen auf Backbleche (mit Backpapier belegt) legen. Die Backbleche nacheinander (bei Heißluft zusammen) in den Backofen schieben.

Ober-/Unterhitze: etwa 180 °C (vorgeheizt)
Heißluft: etwa 160 °C (vorgeheizt)
Gas: Stufe 2–3 (vorgeheizt)
Backzeit: etwa 10 Minuten je Backblech. (Die Plätzchen müssen goldgelb und am Rand etwas gebräunt sein.)

4 Die Plätzchen mit dem Backpapier vom Backblech auf einen Kuchenrost ziehen. Plätzchen erkalten lassen.

Tipp: Die Plätzchen in einer gut schließenden Dose aufbewahren.

Königinplätzchen

Mit Alkohol – Preiswert

Für den Knetteig:
250 g Weizenmehl
100 g Zucker
1/2 TL abgeriebene Zitronenschale von 1 Bio-Zitrone (unbehandelt, ungewachst)
1 Ei (Größe M)
1 Eigelb (Größe M)
100 g Butter
2 EL trockener Marsala-Wein

1 Eiweiß (Größe M)

Zum Wälzen:
200 g Sesamsamen

Zubereitungszeit:
65 Minuten und etwa 45 Minuten Backzeit je Backblech

Insgesamt:
E: 78 g, F: 199 g, Kh: 306 g, kJ: 13933, kcal: 3328

1 Für den Teig Mehl in eine Rührschüssel sieben. Zucker, Zitronenschale, Ei, Eigelb, Butter und Wein hinzufügen. Die Zutaten mit Handrührgerät mit Knethaken zunächst kurz auf niedrigster, dann auf höchster Stufe gut durcharbeiten.

2 Anschließend auf einer bemehlten Arbeitsfläche zu einem glatten Teig verkneten. Sollte er kleben, ihn in Folie gewickelt eine Zeit lang kalt stellen.

3 Aus dem Teig etwa 40 Kroketten (etwa 5 cm Länge) formen. Eiweiß verschlagen. Sesam in eine flache Schüssel geben. Teigkroketten zuerst mit dem verschlagenen Eiweiß bestreichen, dann in Sesam wälzen. Die Teigkroketten auf Backbleche (mit Backpapier belegt) legen. Die Backbleche nacheinander (bei Heißluft zusammen) in den Backofen schieben.

Ober-/Unterhitze: etwa 160 °C (vorgeheizt)
Heißluft: etwa 140 °C (nicht vorgeheizt)
Gas: Stufe 1–2 (nicht vorgeheizt)
Backzeit: etwa 45 Minuten je Backblech.

4 Die Plätzchen mit dem Backpapier von den Backblechen auf Kuchenroste ziehen. Plätzchen erkalten lassen.

Tipp: Die Plätzchen halten sich in einer gut schließenden Dose einige Wochen frisch.

Schokoladen-Nuss-Plätzchen

Für Kinder

Zum Vorbereiten:
100 g Zartbitterschokolade

Für den Knetteig:
250 g Weizenmehl
½ gestr. TL Backpulver
125 g Zucker
1 Ei (Größe M)
125 g weiche Butter
2 EL Milch
60 g grob gemahlene Walnusskerne
60 g grob gemahlene Mandeln
60 g Rosinen

Für den Guss:
100 g Zartbitterschokolade
1 TL Speiseöl

Zubereitungszeit:
75 Minuten, ohne Kühlzeit, und etwa 15 Minuten Backzeit je Backblech

Insgesamt:
E: 72 g, F: 254 g, Kh: 447 g, kJ: 18222, kcal: 4351

1 Zum Vorbereiten Schokolade in kleine Stücke schneiden.

2 Für den Teig Mehl mit Backpulver mischen, in eine Rührschüssel sieben. Zucker, Ei, Butter und Milch hinzufügen. Die Zutaten mit Handrührgerät mit Knethaken zunächst kurz auf niedrigster, dann auf höchster Stufe gut durcharbeiten. Walnusskerne, Mandeln, Rosinen und Schokoladenstückchen unterarbeiten.

3 Anschließend kurz auf einer bemehlten Arbeitsfläche zu einem glatten Teig verarbeiten und in Folie gewickelt einige Stunden (am besten über Nacht) kalt stellen. Aus dem Teig 3–4 Rollen formen und jeweils zu einem Rechteck (etwa 5 x 2 cm) formen.

4 Aus den Teigrechtecken knapp 1 cm dicke Scheiben schneiden und mit Abstand auf Backbleche (mit Backpapier belegt) legen. Die Backbleche nacheinander (bei Heißluft zusammen) in den Backofen schieben.

Ober-/Unterhitze: etwa 180 °C (vorgeheizt)
Heißluft: etwa 160 °C (vorgeheizt)
Gas: Stufe 2–3 (vorgeheizt)
Backzeit: etwa 15 Minuten je Backblech.

5 Die Plätzchen mit dem Backpapier von den Backblechen auf Kuchenroste ziehen. Plätzchen erkalten lassen.

6 Für den Guss Schokolade in Stücke brechen, mit Speiseöl in einem kleinen Topf im Wasserbad unter Rühren schmelzen. Die Plätzchen jeweils mit einer Ecke oder Seite hineintauchen, die Unterseite abstreifen und auf Backpapier setzen. Guss fest werden lassen.

Tipp: In einer gut schließenden Dose an einem kühlen Ort gelagert, halten sich die Schokoladen-Nuss-Plätzchen mehrere Wochen.

Amaretto-Würfel

Raffiniert

Für den Biskuitteig:
3 Eier (Größe M)
2 EL heißes Wasser
150 g Zucker
1 Pck. Vanillin-Zucker
1 Pck. Finesse Amaretto-Bittermandel-Aroma
75 g Weizenmehl
1 gestr. TL Backpulver
50 g Speisestärke
15 g Kakaopulver

Zum Bestreichen:
100 g Kirschkonfitüre

200 g Marzipan-Rohmasse

Für den Guss:
450 g Halbbitter-Kuvertüre
50 g weiße Kuvertüre

Zubereitungszeit:
50 Minuten, ohne Abkühl- und Ruhezeit, und etwa 10 Minuten Backzeit

Insgesamt:
E: 90 g, F: 264 g, Kh: 661 g, kJ: 22502, kcal: 5396

1 Für den Teig aus den angegebenen Zutaten wie auf Seite 90 beschrieben einen Biskuitteig zubereiten.

2 Den Teig auf ein Backblech (30 x 40 cm, gefettet, mit Backpapier belegt) geben und glatt streichen. Das Backblech in den Backofen schieben.

Ober-/Unterhitze: etwa 200 °C (vorgeheizt)
Heißluft: etwa 180 °C (vorgeheizt)
Gas: Stufe 3–4 (vorgeheizt)
Backzeit: etwa 10 Minuten.

3 Die Biskuitplatte sofort nach dem Backen am Rand lösen und auf Backpapier stürzen. Mitgebackenes Backpapier abziehen. Biskuitplatte erkalten lassen. Biskuitplatte so halbieren, dass zwei gleich große Rechtecke (20 x 30 cm) entstehen. Eine Biskuithälfte wieder umdrehen, mit der Hälfte der durch ein Sieb gestrichenen Konfitüre bestreichen.

4 Marzipan-Rohmasse zwischen Klarsichtfolie zu einem Rechteck (20 x 30 cm) ausrollen, auf die bestrichene Biskuithälfte legen, mit der restlichen durch ein Sieb gestrichenen Konfitüre bestreichen. Zweite Biskuithälfte darauf legen (nicht umdrehen), leicht andrücken. Kuchen 3 Stunden ruhen lassen. Den Kuchen mit einem elektrischen Messer mit Wellenschliff oder einem Sägemesser in etwa 3 x 3 cm große Würfel schneiden.

5 Für den Guss Halbbitter-Kuvertüre grob hacken, in 3 Portionen im Wasserbad bei schwacher Hitze schmelzen. Biskuitwürfel mit der Kuvertüre überziehen, kurz auf einem Kuchenrost abtropfen lassen, vorsichtig auf Backpapier umsetzen. Kuvertüre fest werden lassen.

6 Zum Verzieren weiße Kuvertüre in einen kleinen Gefrierbeutel füllen, im Wasserbad schmelzen, eine kleine Ecke abschneiden. Die Biskuitwürfel damit verzieren.

Süße Teigravioli

Mit Alkohol – Etwas aufwändiger

Für den Rühr-Knetteig:
125 g Butter oder Margarine
200 g Zucker
4 Eier (Größe M)
abgeriebene Schale von 1/2 Bio-Zitrone (unbehandelt, ungewachst)
abgeriebene Schale von 1/2 Bio-Orange (unbehandelt, ungewachst)
600 g Weizenmehl
1 gestr. TL Backpulver

Für die Füllung:
250 g Ricotta (italienischer Frischkäse), 60 g Zucker
50 g fein geriebene Zartbitterschokolade
35 g klein geschnittenes Zitronat
1 EL Pinienkerne
1 Msp. gemahlener Zimt
1 geh. TL Speisestärke
1 EL Limoncello (Zitronenlikör)

Zum Bestreichen:
1 verschlagenes Eiweiß
1 Eigelb, 1 EL Milch

Zum Bestäuben:
Puderzucker

Zubereitungszeit:
75 Minuten, ohne Abkühlzeit, und etwa 25 Minuten Backzeit je Backblech

Insgesamt:
E: 132 g, F: 203 g, Kh: 778 g, kJ: 22953, kcal: 5481

1 Für den Teig Butter oder Margarine mit Handrührgerät mit Rührbesen auf höchster Stufe geschmeidig rühren. Nach und nach Zucker unterrühren. So lange rühren, bis eine gebundene Masse entstanden ist.

2 Eier nach und nach unterrühren (jedes Ei etwa 1/2 Minute). Zitronen- und Orangenschale hinzufügen. Mehl mit Backpulver mischen, sieben, die Hälfte davon auf mittlerer Stufe unterrühren. Restliches Mehlgemisch auf einer bemehlten Arbeitsfläche unter den Teig kneten. Sollte er kleben, ihn in Folie gewickelt eine Zeit lang kalt stellen.

3 Knapp die Hälfte des Teiges auf der bemehlten Arbeitsfläche zu einem Rechteck (etwa 32 x 40 cm) ausrollen und Quadrate (etwa 8 x 8 cm) darauf markieren. Restlichen Teig zu einem Rechteck (etwa 43 x 55 cm) ausrollen, auf Backpapier legen, mit Hilfe des Backpapiers aufrollen und beiseite legen.

4 Für die Füllung Ricotta in eine Rührschüssel geben. Zucker, geriebene Schokolade, Zitronatstückchen, Pinienkerne, Zimt, Speisestärke und Likör hinzufügen. Die Zutaten gut miteinander verrühren. Jeweils ein walnussgroßes Häufchen der Füllung in die Mitte der markierten Teigquadrate geben. Teigränder mit verschlagenem Eiweiß bestreichen. Die beiseite gelegte Teigrolle auf dem belegten Teigrechteck wieder abrollen. Den Teig rings um die Füllungen gut andrücken.

5 Mit einem Teigrädchen etwa 8 x 8 cm große Teigtaschen ausschneiden. Die Teigravioli auf Backbleche (mit Backpapier belegt) legen. Eigelb mit Milch verschlagen. Die Teigravioli damit bestreichen. Die Backbleche nacheinander (bei Heißluft zusammen) in den Backofen schieben.

Ober-/Unterhitze: etwa 180 °C (vorgeheizt)
Heißluft: etwa 160 °C (vorgeheizt)
Gas: Stufe 2–3 (vorgeheizt)
Backzeit: etwa 25 Minuten je Backblech.

6 Die Ravioli mit dem Backpapier von den Backblechen auf Kuchenroste ziehen. Ravioli erkalten lassen und dick mit Puderzucker bestäuben.

Spritzgebäck mit Mascarpone

Gut vorzubereiten

Für den All-in-Teig:
200 g Weizenmehl
50 g Speisestärke
1 gestr. TL Backpulver
200 g Zucker
3 Eigelb (Größe M)
150 g Mascarpone (italienischer Frischkäse)
1 EL Speiseöl
1 geh. EL Kakaopulver
1 EL Milch

Für die Füllung:
1 kleine Dose Birnenhälften (Abtropfgewicht 170 g)
40 g Zucker
1 EL Zitronensaft
1/2 TL Finesse Geriebene Zitronenschale
100 g Mascarpone (italienischer Frischkäse)

Zum Verzieren:
50 g helle Kuchenglasur

Zubereitungszeit:
100 Minuten, ohne Abkühlzeit, und 15–20 Minuten Backzeit je Backblech

Insgesamt:
E: 46 g, F: 161 g, Kh: 499 g, kJ: 15271, kcal: 3643

1 Für den Teig Mehl mit Speisestärke und Backpulver mischen, in eine Rührschüssel sieben. Zucker, Eigelb, Mascarpone und Speiseöl hinzufügen. Die Zutaten mit Handrührgerät mit Rührbesen zunächst kurz auf niedrigster, dann auf höchster Stufe in etwa 2 Minuten zu einem glatten Teig verarbeiten.

2 Den Teig in 2 Portionen teilen. Eine Teigportion in kleinen Mengen in einen Spritzbeutel mit Lochtülle (Ø etwa 10 mm) füllen und 20 Ringe (Ø 5–6 cm) auf ein Backblech (gefettet, mit Backpapier belegt) spritzen.

3 Restlichen Teig mit Kakao und Milch verrühren. Den Teig ebenfalls in einen Spritzbeutel mit Lochtülle (Ø etwa 10 mm) füllen und 20 Ringe (Ø 5–6 cm) auf ein zweites Backblech (gefettet, mit Backpapier belegt) spritzen.

4 Die Backbleche nacheinander (bei Heißluft zusammen) in den Backofen schieben.

Ober-/Unterhitze: etwa 180 °C (vorgeheizt)
Heißluft: etwa 160 °C (vorgeheizt)
Gas: Stufe 2–3 (vorgeheizt)
Backzeit: 15–20 Minuten je Backblech.

5 Gebäckringe mit dem Backpapier von den Backblechen auf Kuchenroste ziehen und erkalten lassen.

6 Für die Füllung Birnenhälften in einem Sieb abtropfen lassen und pürieren. Birnenpüree mit Zucker, Zitronensaft, -schale und Mascarpone gut verrühren.

7 Die Birnen-Mascarpone-Creme in einen Gefrierbeutel füllen und eine kleine Ecke abschneiden. Etwas von der Birnen-Mascarpone-Creme auf die flache Seite der hellen Ringe spritzen. Die dunklen Ringe mit der flachen Seite darauf setzen und leicht andrücken.

8 Zum Verzieren Kuchenglasur nach Packungsanleitung auflösen. Das Spritzgebäck mit der Glasur besprenkeln. Glasur fest werden lassen.

Kapitelregister

Torten

Kuchen aus der Form

Kapitelregister

Kuchen vom Blech

Kleingebäck

Alphabetisches Register

Alphabetisches Register

Umwelthinweis Dieses Buch und der Einband wurden auf chlorfrei gebleichtem Papier gedruckt. Die Einschrumpffolie – zum Schutz vor Verschmutzung – ist aus umweltfreundlichem und recyclingfähigem PE-Material.

Wenn Sie Anregungen, Vorschläge oder Fragen zu unseren Büchern haben, rufen Sie uns unter folgender Nummer an
0521 155-25 80 oder 52 06 50 oder schreiben Sie uns:
Dr. Oetker Verlag KG, Am Bach 11, 33602 Bielefeld.

Wir danken für die freundliche Unterstützung DIAGEO, Rüdesheim/Rhein
Molkerei Alois Müller, Fischach-Aretsried

Redaktion Carola Reich, Annette Riesenberg

Titelfoto Thomas Diercks, Hamburg
Innenfotos Thomas Diercks, Kai Boxhammer, Hamburg (S. 5, 11, 13, 19, 23, 29, 31, 33, 39, 43–55, 61–67, 71, 79, 81, 87, 89, 93–97, 103, 107–117, 121, 123)
Brigitte Wegner, Bielefeld (S. 15, 21, 27, 35, 41, 59, 73, 75, 83, 85, 99, 101, 105)
Kramp & Gölling, Hamburg (S. 25, 119)
Axel Struwe, Bielefeld (S. 9, 17, 91)
Bernd Wohlgemuth, Hamburg (S. 77)

Foodstyling Eike Upmeier-Lorenz, Herford

Rezeptentwicklung und -beratung Eike Upmeier-Lorenz, Herford
Mechthild Plogmaker, Dr. Oetker Versuchsküche, Bielefeld

Nährwertberechnungen Nutri Service, Hennef

Grafisches Konzept kontur:design, Bielefeld
Gestaltung kontur:design, Bielefeld
Titelgestaltung kontur:design, Bielefeld

Reproduktionen MOHN Media • Mohndruck GmbH, Güterloh
Satz JUNFERMANN Druck & Service, Paderborn
Druck und Bindung Mohn Media • Mohndruck GmbH, Gütersloh

ISBN 3-7670-0804-1